LA
MÉMOIRE DE MONTCALM
VENGÉE

ou

LE MASSACRE AU FORT GEORGE

DOCUMENTS HISTORIQUES

RECUEILLIS PAR

J. M. LeMOINE, Ecr

QUÉBEC

J. N. DUQUET & Cie., ÉDITEURS

1864

LE MASSACRE AU FORT GEORGE

LA

MÉMOIRE DE MONTCALM

VENGÉE

DOCUMENTS HISTORIQUES

RECUEILLIS PAR

J. M. LeMOINE, Ecr

QUÉBEC

J. N. DUQUET & Cie., ÉDITEURS

1864

Imprimerie du CANADIEN

21, rue la Montagne, Basse-Ville

AVIS DES ÉDITEURS

Le général McClellan, a dans un discours récent, tenté de flétrir un nom vénéré sur le sol canadien, à propos d'un fait historique dont les détails jusqu'à présent ne sont connus que d'un petit nombre : la presse américaine, à quelques exceptions près, s'est complu à faire circuler la calomnie. A quel journal incombait de préférence le soin de réhabiliter la mémoire de l'héroïque soldat dont le sang arrosait notre sol en 1759, qu'à celui qui, dès son début, en 1808, s'acquittait énergiquement de cette douce tâche ?

Il y a un demi-siècle, notre devise était : " NOS INSTITUTIONS, NOTRE LANGUE ET

NOS LOIS. " C'est encore aujourd'hui notre cri de ralliement.

Bien que la lettre du missionnaire du lac St.-François ait déjà été publiée, jamais, que nous sachions, le compte-rendu du capitaine Carver n'a paru en français ; nous avons pour ce travail à remercier l'auteur de l'*Ornithologie du Canada.*

Bureau du *Canadien,*
   Octobre 1864.

LA

MÉMOIRE DE MONTCALM VENGÉE

I

[Extrait du *Canadien* du 22 août 1864.]

C'est avec empressement que nous reproduisons ci-dessous du *Messager Franco-Américain* les remarques suivantes accompagnées d'une lettre d'un correspondant de la *Tribune* dans laquelle ce dernier prend hautement la défense de la mémoire de Montcalm indignement attaquée par le général McClellan dans un discours au fort William Henry :

Un correspondant de la *Tribune* de Chicago lui adresse une communication dans laquelle il relève quelques mots d'un discours du général McClellan, relatifs au marquis de Montcalm, tué devant Québec en 1759. Nous croyons qu'il est de notre devoir, en notre qualité de français, de reproduire une partie de cette lettre et d'aider ainsi à défendre la mémoire du héros des plaines d'Abraham, que

M. McClellan attaque si légèrement. Peut-être aussi ne sera-t-il pas inutile de montrer à nos compatriotes, quels sont les véritables sentiments de M. McClellan à l'égard de la France et de ses plus glorieux enfants.

AU RÉDACTEUR DE LA TRIBUNE.

Le major général McClellan a prononcé dernièrement sur le balcon de l'hôtel du Fort William Henry, au lac George, un discours dans lequel il a dit :

" Après avoir vaillamment défendu les remparts aujourd'hui ruinés du fort William Henry, vos aïeux ont mouillé de leur sang la place que vous occupez en ce moment ; ils ont été égorgés dans une boucherie qu'avait autorisée la cruelle apathie de Montcalm. Mais deux ans plus tard, celui-ci subissait sous les murs de Québec le châtiment dû à ses crimes, durant la grande bataille à laquelle d'autres de vos aïeux prenaient aussi une part honorable. "

Ces mots doivent surprendre chacun. Comment admettre en effet qu'un lauréat de West Point connaisse aussi peu les hommes et les choses du siècle dernier ? On doit regretter en même temps qu'un candidat à la présidence soit aussi mal versé dans l'histoire américaine.

Montcalm, qui est voué si froidement à l'infamie par l'orateur démocrate, était la personnification de la générosité et des sentiments chevaleresques. C'était le Bayard du 18e siècle. Il n'y a pas dans l'histoire militaire de l'Amérique et de la France, des pages plus brillantes que celles où sont enregistrés ses hauts faits et sa mort héroïque.

Il est à regretter qu'il se soit trouvé un officier américain capable d'insulter aussi grossièrement à la mémoire d'un brave soldat....

Dans les circonstances ordinaires, ceci ne serait qu'un malheureux incident, mais pour le général McClellan, que ses admirateurs traitent hautement de Périclès, cet incident doit prendre les proportions d'une véritable calamité.

Si le général McClellan voulait feuilleter le quatrième volume de l'*Histoire des Etats-Unis* par Bancroft et y lire le passage relatif au massacre du fort William Henry, il y découvrirait le démenti formel de ses accusations contre Montcalm. Le héros français est loin d'avoir montré la " cruelle apathie " dont le général McClellan a fait preuve en plus d'une occasion pendant la guerre de la Péninsule.

En terminant, disons que toutes les explications que les amis du général démocrate pourraient donner de ses paroles ne parviendront pas à les justifier.

Nous leur recommandons au contraire de garder le silence, tandis que M. McClellan pourra faire son profit des lignes suivantes sur Montcalm, dont il devrait tenter d'imiter l'exemple et le patriotisme.

Quoique né et élevé dans les camps, Montcalm avait reçu une éducation soignée ; en même temps qu'il était versé dans tous les arts de la guerre, il parlait le langage d'Homère. Laborieux à l'excès, juste, désintéressé, confiant dans sa fortune, prompt dans l'action, Montcalm semblait être né pour achever des entreprises hardies et dangereuses. Il supportait admirablement la faim et le froid ; sans jamais songer à lui-même, il ne s'occupait que de ses soldats et les Peaux Rouges l'admiraient et l'aimaient pour ces qualités. Enfin, au milieu de la corruption de l'époque, il n'eut jamais en vue que le bien public.

A Québec, il tombe frappé par une balle ennemie, tandis qu'il s'occupe de rallier ses troupes à demi-vaincues pour recommencer le combat.

Le chirurgien lui prédit sa mort prochaine ; il ne s'occupe que de son armée ; il pourvoit à sa sureté avant de songer à mourir. Puis lorsqu'il a accompli cette tâche, il congédie son entourage " pour pouvoir passer la nuit avec Dieu seul," et ses dernières pensées sont pour la France et ses soldats.

Quel abîme n'y a-t-il pas entre ce héros et celui qui ose insulter à sa mémoire ! mais il en a toujours été ainsi : le génie n'est jamais insulté que par la médiocrité.

II

[Extrait du *Canadien* du 24 août.]

Monsieur le Rédacteur,

Votre feuille du 22 du courant contient l'extrait d'un discours prononcé récemment par le général McClellan, sur le balcon de l'hôtel du fort William Henry, au lac George, et vos lecteurs ont remarqué avec plaisir, que la *Tribune* de Chicago, et le *Messager Franco-Américain*, avaient élevé la voix pour venger le mérite outragé dans la personne du général Montcalm. Et pourtant, pour qui connaît les sources historiques où puisent les écrivains de la grande république lorsqu'il s'agit des regrettables scènes qui, le 10 août 1757, ensanglantèrent les environs du fort George, rien d'étonnant dans l'accusation du général unioniste. Tout récemment encore, un touriste américain, d'un rang élevé, voyant sur la table de l'aumônier des Ursulines, à Québec, le crâne du héros de Carillon, s'écria : " *Possibly a great general, but after his conduct at fort George, certainly an inhuman monster.*" En vain l'aumònier d'alléguer forces textes de nos historiens pour le détromper sur les événements du fort George :

—" Il ne lisait point le français. "

En vain lui opposa-t-il l'autorité de Bancroft qui, dans ses récentes éditions, s'appuyant des documents puisés à Paris dans les archives de la marine et ailleurs, a rendu justice à Montcalm ; le *yankee* ne voulait pas en démordre : on eut dit qu'il s'agissait du siége de Petersburg ou de Richmond. Il tenait à ses préjugés comme à quelque chose de sacré : que dirai-je, un héritage de famille transmis pieusement de père en fils.

S'il est une page dans les *Maple Leaves* qui m'a été douce à tracer, c'est celle où j'ai entrepris de réhabiliter auprès de la population britannique, la mémoire de l'illustre Louis Joseph de Gozon, marquis de Montcalm. Je ne me dissimulais pas que la tâche que je m'imposais était rude, ingrate peut-être ; car en changeant d'idiome je voyagerais en terre étrangère, n'ayant plus autour de moi les amis, —dirai-je les nombreux amis,—qui constamment m'encouragèrent, qui oncques ne m'ont fait défaut dans mes entreprises littéraires.

Mais si un public indulgent n'était pas là, j'avais pour me soutenir les conseils de plusieurs hommes éclairés, qui voyaient dans mon projet une nouvelle occasion pour le Canadien-Français de se manifester auprès de ses co-nationaux : l'un me fesait tenir, mémoires de familles, lettres et documents rares ; un autre, vénérable historien, me transmettait la superbe lettre écrite par le missionnaire abénaquis, témoin oculaire de la sanglante tragédie qui se passait, il y a de cela plus d'un siècle, sur les rives pittoresques du lac George ; c'est cette lettre même que j'ai traduite et que j'ai, entre autres pièces, soumise au public anglais, accoutumé à ne voir le massacre du Fort George que par les yeux de Fennimore Cooper, Moore, Carver et autres.

J'ai de plus en plus acquis la conviction que le plus beau livre français toute nationale que soit sa portée, ne parvient presque jamais à son adresse ; lorsque l'on veut dissiper les préjugés de nos frères d'origine saxonne, il faut leur parler un langage qu'ils entendent : c'est ce que j'ai fait. Si je me permets ces remarques, c'est pour donner une explication que l'on m'a paru désirer. On a demandé : pourquoi l'auteur des *Oiseaux du Canada* s'ingère-t-il d'écrire dans deux langues ? La réponse : la voici. Les *Maple Leaves* n'auraient pas leur raison d'être, écrites en français. Ne serait-ce pas en

effet un peu présomptueux de ma part, si je
prétendais peindre à neuf et avec succès en
français les mœurs, les légendes canadiennes
après MM. Chauveau, Taché, Casgrain, La-
joie, Lacombe et autres ; et qui se pressera
de compiler en cette langue l'histoire du Canada, en présence des travaux de MM. Gar-
neau, Ferland, Bibaud et autres ?

Voilà les parterres émaillés, mais inconnus
du public anglais, où j'ai cueilli pour lui les
fleurs les plus odoriférantes de ma modeste
offrande : les *Maple Leaves.*

J'ai dit que les préjugés les plus injustes
existaient chez les Américains, relativement à
la mémoire du général Montcalm : voyons
maintenant sur quoi ils se fondent. Laissant
de côté Fennimore Cooper, Moore et autres,
examinons le compte-rendu du massacre du
fort George, par un témoin oculaire : le capitaine Jonathan Carver.

J. M. L.

III

LE MASSACRE AU FORT GEORGE

9 AOUT 1757

D'après le capit. Jonathan Carver, témoin oculaire

(*Carver's Travels in N. America, p.* 313)

" Le général Webb, qui commandait l'armée anglaise dans l'Amérique du Nord, alors campé au fort Edward, ayant appris que les troupes françaises, sous M. de Montcalm, étaient en mouvement vers le fort William Henry, détacha un corps d'environ 1,500 hommes, tant Anglais que Provinciaux, pour renforcer la garnison. Je m'adjoignis comme volontaire à ce détachement et me plaçai parmi les Provinciaux.

Les craintes du gouverneur anglais n'étaient pas sans fondement ; le lendemain de notre arrivée, nous vîmes le lac George (anciennement le lac St.-Sacrement), qui se trouve contigu au fort, couvert d'un nombre infini de bateaux : et dans quelques heures, nous nous aperçûmes que nous étions attaqués par le général français, qui venait de débarquer à la tête de 11,000 hommes de troupes de l'armée régulière et de Canadiens et 2,000 sauvages. Le colonel Munro, officier plein de bravoure, commandait dans le fort, n'ayant que 2,300 hommes, y inclus notre détachement.

Avec ces forces, il se défendit courageusement et il aurait probablement pu se maintenir, eût-il été convenablement renforcé, et lui eût-on permis de continuer la défense.

A toutes les sommations de se rendre que lui fit le général français, lui offrant les termes les plus honorables, il répondit réitéremment " qu'il se trouvait en position de repousser les attaques les plus déterminées que les assiégeants pouvaient tenter et que s'il jugeait qu'il n'avait pas assez de monde pour défendre le fort, il pouvait en obtenir davantage de l'armée anglaise qui se trouvait dans le voisinage. "

Mais le colonel Munro ayant donné avis au général Webb de sa situation et ayant demandé des renforts, le général lui dépêcha un courrier avec une lettre, l'informant qu'il était hors de son pouvoir de l'aider et lui ordonnant de capituler, et d'obtenir les meilleurs conditions qu'il pourrait. Cette lettre tomba aux mains du général français qui de suite dépêcha un parlementaire, pour proposer une conférence avec le gouverneur du fort.

Les deux commandants, entourés d'une garde peu nombreuse, se rencontrèrent en conséquence dans un endroit à mi-chemin des deux armées : M. de Montcalm informa alors le colonel qu'il était venu en personne pour demander la possession du fort, parce que ce fort appartenait au roi, son maitre. Le colonel répliqua qu'il ignorait comment cela pouvait être : qu'il ne rendrait jamais la place tant qu'il pourrait la défendre.

Le général français répondit, en remettant au colonel la missive : " Voilà, dit-il, sur quoi je vous somme de vous rendre. " Le brave colonel n'eût pas plutôt lu la lettre, et ainsi connu l'ordre péremptoire que lui transmettait son commandant, qu'il baissa la tête en silence et consentit avec regret à négocier.

En considération de l'héroïque défense qui avait été faite du fort, la garnison reçut permission d'en sortir avec tous les honneurs de la guerre ; on devait lui fournir des voitures couvertes pour transporter les bagages au fort Edward et une garde pour la protéger contre la fureur des sauvages. Le lendemain du jour ou la capitulation fut signée, dès l'aube, la garnison entière, se composant d'à peu près 2,000 hommes outre les femmes et les enfants, fut rangée en dedans des lignes et se disposait à se mettre en marche lorsqu'un grand nombre de sauvages se rassemblèrent et commencèrent à piller. Nous crûmes d'abord qu'ils se borneraient à cela et nous les laissâmes procéder sans opposition. Au reste, nous n'avions pas les moyens de leur en faire, l'eussions-nous voulu ; car bien qu'il nous eût été permis de garder nos armes, on nous refusa le droit d'emporter de la poudre et des balles.

Notre première pensée sur leurs procédés

dura peu : bientôt, quelques-uns d'eux se mirent à attaquer nos malades et nos blessés ; de sorte que ceux d'entre eux qui n'avaient pas la force de se traîner dans les rangs, reçurent sans retard, malgré leurs gémissements, le coup de grâce.

Nous nous imaginions que le tumulte cesserait ici et notre petite armée se mit en marche : mais dans [peu nous vîmes la division la plus avancée reculer, et nous nous aperçûmes que nous étions entièrement environnés de sauvages. Nous attendions chaque instant l'arrivée de la garde que les Français, par les termes de la capitulation, nous avaient promise, pour voir cesser notre effroi. Mais aucune garde ne se montra. Les sauvages se mirent à enlever à chacun ses armes et ses habits ; et ceux de nous qui résistèrent, sentirent le poids de leurs casse-têtes. Je me trouvais par hasard dans l'arrière-garde, mais bientôt je partageai le sort de mes compagnons. Trois ou quatre sauvages me saisirent, et tandis que les uns tenaient leurs armes suspendues au-dessus de ma tête, les autres m'eurent bientôt ôté habit, veste, chapeau, boucles de mes souliers, sans omettre de me dérober l'argent que j'avais dans mon gousset. Comme ceci se passait près du passage qui débouchait des lignes sur la plaine, voisin d'un endroit où était postée une sentinelle française, je m'élançai vers elle, lui demandant protection : mais elle ne fit que m'appeler "un chien Anglais" et me repousser brutalement au milieu des sauvages.

Je m'efforçai alors de rejoindre un peloton de nos troupes massées à quelque distance, mais je fus sur mon passage assailli de coups : heureusement cependant, les sauvages étaient si près les uns des autres, qu'ils ne pouvaient me frapper sans courir risque de se blesser mutuellement. Malgré cela, un d'eux trouva moyen de diriger vers moi une lance qui m'effleura le côté et un autre me blessa au talon avec un javelot. Enfin, j'atteignis l'endroit où se trouvaient nos soldats et je me jetai au milieu d'eux, mais non sans avoir vu arracher de ma personne ma chemise, excepté le col et les poignets et non sans avoir reçu de fortes contusions, etc.

A cet instant le cri de guerre fut lancé et alors les sauvages massacrèrent sans distinction ceux qui se trouvèrent le plus près d'eux. La parole humaine ne saurait exprimer les scènes d'horreurs qui se passèrent en ce moment : hommes, femmes et enfants furent égorgés de la manière la plus barbare et scalpés de suite. Plusieurs de ces forcénés burent le sang de leurs victimes, qui jaillissait de leurs blessures béantes.

Nous nous apperçumes, mais trop tard, que nous n'avions aucun secours à attendre des Français et que malgré l'engagement solennel signé si récemment, de nous donner un sauf conduit capable de nous protéger de toute insulte, ils autorisaient tout tacitement ; car je pouvais clairement voir à quelque distance, les officiers français marcher et causer ensemble, avec, ce qui me semblait, de l'in-différence.

Pour l'honneur de la nature humaine, je voudrais croire que cette flagrante violation de toutes les lois sacrées, procédait plutôt du caractère barbare des sauvages que j'avoue être en certaines circonstances impossible à contrôler et qui pouvaient peut-être mainte-nant avoir inopinément atteint cet état, plutôt qu'à une intention préméditée chez le géné-ral français. Un observateur sans préju-gés, serait cependant porté à conclure qu'un corps de 10,000 soldats chrétiens, très-chré-tiens, pouvait empêcher le massacre de deve-nir si général. Quelqu'en fut la cause, les con-séquences en furent pour nous effroyables et sans parallèle dans les temps modernes.

Comme le cercle au centre duquel j'étais, se rétrécissait rapidement par la main de la mort et que notre trépas était évidemment peu éloigné, les plus déterminés de nous se résolurent à faire un effort vigoureux pour se frayer une voie à travers les sauvages, la seule chance de salut qui nous restait. Quelque désespéré que fut ce projet, on l'adopta, et vingt de nos guerriers s'élancèrent ensemble au contre des barbares. En un clin-d'œil, nous fûmes tous séparés et je n'appris que quelques mois plus tard le sort de mes compagnons. J'ai ouï dire que six ou sept seulement réus-sirent à se sauver. Ne pensant qu'à mon salut, je fis de mon mieux pour percer les rangs de mes cruels ennemis. Quand depuis j'ai réflé-

chi au calme avec lequel je réglai toutes mes
démarches, j'ai été bien des fois étonné. Ma
force et ma jeunesse me permirent d'en culbu-
ter quelques-uns et j'évitai avec adresse les
lances d'autres assaillants. Enfin [deux chefs
herculéens des tribus les plus barbares à en
juger par leur costume, me saisirent par chaque bras et se mirent à me pousser à travers
la foule ; à leur force réunie, je ne pus résister.

Je me résignai alors à mon sort, convaincu
que j'allais être égorgé et qu'ensuite ils ava-
leraient mon sang, car je me voyais entraîné
à l'écart vers un marais à quelque distance.
Mais avant que nous eussions fait quelques
pas, un gentilhomme anglais de distinction, à
en juger par les seuls vêtement qu'on lui avait
laissés, sa culotte, qui était d'un velours écar-
late fin, passa en courant près de nous.

Un des sauvages me lâcha de suite et se
mettant à la poursuite du gentilhomme, s'ef-
força de le saisir, mais l'anglais étant plein de
vigueur, le terrassa et eu pu probablement
s'évader, si l'autre sauvage qui me tenait par
le bras, ne m'eut laissé pour lui porter secours.
J'utilisai l'occasion pour fuir et pour rejoindre
un détachement de troupes anglaises, posté à
quelque distance et non encore entamé ; mais
avant que je me fusse beaucoup éloigné, je
jettai les yeux à la hâte vers le gentilhomme,
mon compatriote et je vis le sauvage lui enfoncer son casse-tête dans le dos ; puis je l'en-
tendis rendre l'âme, ceci ajouta à mon déses-
poir et à la célérité de mes mouvements.

Je n'avais quitté que quelques moments
cette scène lamentable, lorsqu'un joli petit
garçon d'à peu près douze ans, qui jusqu'alors
avait réussi à se sauver, s'approcha de moi et
me pria de lui permettre de se tenir avec moi,
afin de pouvoir échapper aux barbares. Je lui
dis que je ferais tout en mon pouvoir pour
l'aider et je lui enjoignis de me prendre par
la main; mais au bout de quelques instants,
on l'arracha à mes côtés et par ses cris,
je jugeai qu'il expira promptement. Je ne pus
m'empêcher d'oublier pendant un instant mes
propres malheurs, pour déplorer le sort d'une
si jeune victime, mais comment aurais-je pu
l'empêcher ?

J'arrivai une fois de plus au milieu d'amis,
mais nous ne pouvions nous aider les uns les
autres; comme c'était là le détachement qui
s'était avancé le plus loin du fort, je crus
qu'une chance (une seule peut-être) me restait
de pénétrer à travers les rangs extérieurs des
sauvages et d'atteindre un bois, que je voyais
dans le lointain. La manière miraculeuse dont
j'avais échappé au trépas me laissait encore
quelqu'espoir.

Mes anticipations ne furent pas vaines, et
les efforts que je fis ne furent pas sans résultat.
Il suffit de dire que j'atteignis le bois : mais en
y entrant, je me trouvai tellement hors d'ha-
leine, que je me jetai dans un buisson et y
demeurai presque sans vie. Enfin le souffle me
revint, et mon ancien effroi me saisit comme
de plus bel, à la vue de plusieurs sauvages

passant près de moi, probablement à ma poursuite. Dans ce mauvais pas, je ne savais pas s'il valait mieux procéder plus loin ou rester tapis où j'étais jusqu'à la tombée de la nuit. Craignant que mes persécuteurs ne retraçassent leurs pas, je jugeai prudent de m'éloigner davantage du lieu du carnage. En conséquence, m'élançant vers une autre partie du bois, j'avançai aussi rapidement que me le permettaient les épines et la perte d'un de mes souliers : après avoir parcouru péniblement une petite distance, pendant quelques heures je gravis une colline, d'où je pus voir que les scènes de sang se continuaient encore dans la plaine à mes pieds.

Pour ne pas lasser mes lecteurs, je me contenterai d'ajouter qu'après avoir passé trois jours sans manger, et avoir subi d'humides et froides rosées pendant trois nuits, j'atteignis enfin le Fort Edward, où les soins que je reçus rendirent bientôt à mon corps sa vigueur ordinaire et à mon esprit, autant que cela se pouvait, le calme habituel. On computa que ces barbares avaient égorgé ou fait prisonniers 1500 personnes, pendant cette fatale journée. Plusieurs de ces derniers furent enlevés par les sauvages et ne reparurent jamais. Un petit nombre à la faveur d'heureux accidents, purent retourner dans leur patrie après avoir subi une longue et sévère captivité.

Le brave colonel Munro, peu après le commencement du tumulte se hâta de se rendre au camp français, pour en obtenir le sauve-

conduit promis par la capitulation : sa demande fut sans résultat : et il y demoura
jusqu'à ce que le général Webb eut envoyé
un détachement de troupes pour le demander
et le protéger. Ces désastres, qui probablement n'aurait pas eu lieu si on l'eut laissé à
lui-même et la mort de tant de braves gens
massacrés de sang-froid, et dont le courage lui
étaient si bien connu, produisirent un tel effet
sur son esprit, qu'il ne survécut pas long-
temps. Il mourut de chagrin trois mois après :
en vérité, pouvait-on dire de lui qu'il était un
honneur à sa patrie.

Je ne voudrais pas assurer que ce qui sur-
vint était comme un jugement du ciel et une
expiation de ce massacre, mais je ne saurais
taire le fait que bien peu des tribus sauvages
qui y participèrent, revirent jamais leurs fo-
yers. La petite vérole, que les Européens leur
communiquèrent, fit parmi eux des ravages
aussi affreux que ceux qu'ils avaient eux-
mêmes infligés. Le traitement qu'ils s'impo-
sèrent pour vaincre les premiers symptômes
de cette affreuse maladie, la rendit encore plus
fatale. Dans les paroxismes de la fièvre, ils se
plongèrent dans l'onde : aussi succombaient-
ils par centaines. Les survivants, objets hideux,
portèrent jusqu'au tombeau les marques de
ce fléau.

M. de Montcalm tomba peu de temps après
sur les plaines, près de Québec.

J'ai depuis obtenu des preuves réitérées
que la cruauté sans motif de ce commandant

avait été désapprouvée par la généralité de
ses compatriotes.

Je n'en mentionnerai qu'un exemple fourni
par une personne témoin du fait. Un négo-
ciant canadien, assez considéré, ayant appris
la reddition du fort anglais, célébra l'événe-
ment par de grandes réjouissances et par des
banquets, comme c'est la coutume du pays.
Mais dès que la nouvelle du massacre lui par-
vint, il fit cesser les fêtes et se répandit en
censures amères contre la permission inhu-
maine qui avait été accordée, déclarant que
ceux qui y avaient connivé avaient attiré sur
cette partie des domaines du roi, la vengeance
céleste, ajoutant qu'il craignait fort que la
perte du pays ne s'ensuivit. Avec quelle exacti-
tude cette prédiction s'est accomplie, nous le
savons tous. "

Tel est le texte d'une des principales
pièces sur laquelle les historiens anglais et
américains se fondent pour dénigrer la mémoire du chevaleresque rival de Wolfe. Pour
avoir les deux côtés de ce qui se passa à la
mémorable capitulation du Fort George, il
faut lire la lettre du missionnaire abénaquis,
le collègue de l'abbé Picquet, qui accompagna
l'armée française : j'ose, croire, monsieur le
rédacteur, que vous trouverez place dans vos
colonnes, pour cette magnifique lettre qui fait

autant d'honneur à la conduite de Montcalm qu'à la religion chrétienne, dont l'écrivain était le ministre. Ceux qui désirent la lire en anglais, la trouveront traduite par moi dans les *Maple Leaves*. Il est satisfaisant de croire que la vérité historique commence à se faire jour—que des hommes de lettres très-éminents, chez nos voisins, entr'autre l'historien George Bancroft, a dans la quinzième édition de son " History of the United States " reconnu et proclamé, sur l'autorité des pièces justificatives, réunies dans le *Documentary History of the State of New York*, édité par le Dr. O'Callaghan, que loin d'avoir permis le massacre en question, Montcalm et Lévi avaient risqué leurs jours pour arracher à leurs féroces alliés, (les trente-six tribus sauvages,) des officiers et des soldats anglais.

J. M. LeMoine.

IV

LE MASSACRE AU FORT GEORGE

D'après un missionnaire abénaquis, témoin oculaire

(Lettres édifiantes et curieuses—tome 6e.)

On vient de lire le récit du capitaine Carver, témoin oculaire : l'impartialité de l'histoire exige que l'on place en regard le compte-rendu par un savant jésuite, aussi témoin oculaire. La lettre que l'on va lire et qui a paru dans le *Canadien* en 1808 est si éloquente, si pleine de sentiments honorables à l'humanité, que je me dispenserai d'aucun préambule.

De St.-François, 21 octobre 1757.

Je partis le 12 de juillet de Saint François, principal village de la mission Abnakise, pour me rendre à Montréal ; le motif de mon voyage était uniquement de conduire à M. le Marquis de Vaudreuil une députation de vingt Abnakis, destinés à accompagner le Père Virot, qui est allé essayer de fonder une nouvelle mission chez les Loups d'*Oyo* ou de la belle rivière. La part que je puis avoir dans cette glorieuse entreprise, les évènements qui l'ont occasionnée, les difficultés qu'il a fallu surmonter pourront fournir dans la suite une matière intéressante pour une nouvelle lettre. Mais il faut attendre que les bénédictions répandues aient couronné les efforts que nous avons faits pour porter les lumières de la foi chez des peuples qui paraissent si disposés à les recevoir.

Arrivé à Montréal, distant de ma mission d'une journée et demie, je me comptais au terme de mon voyage : la providence en ordonna autrement. On méditait une expédition contre les ennemis, et sur les dispositions des nations sauvages, on s'attendait au plus grand succès. Les Abnakis devaient être de la partie, et comme tous les sauvages chrétiens sont accompagnés de leurs missionnaires, qui s'empressent de leur fournir les secours propres de leur ministère, les Abnakis pouvaient être sûrs que je ne les abandonnerais pas dans une circonstance aussi critique. Je me disposai donc au départ ; mes équipages furent bientôt prêts : une chapelle, mes huiles, ce fut tout, me confiant pour le reste à la providence qui n'a jamais manqué. Je m'embarquai deux jours après sur le grand fleuve de St.-Laurent, de compagnie avec deux messieurs de St.-Sulpice. L'un était M. Picquet, missionnaire des Iroquois de la Galette, et le second, M. Mathavet, missionnaire des Nipistingues du lac des deux Montagnes. Mes Abnakis étaient campés à Saint-Jean, un des forts de la colo-

nio, éloigné d'une journée de chemin de Mont-
tréal. Mon arrivée les surprit ; ils n'étaient pas
prévenus. A peine m'eurent-ils aperçu, qu'ils
firent retentir du bruit de mon arrivée les bois
et les montagnes voisines ; tous, jusqu'aux
enfans (car chez les sauvages on est soldat dès
qu'on peut porter le fusil). Oui, les enfans
eux-mêmes me donnèrent des marques de leur
satisfaction. *Nemittangoustena, Nemittangoustena*, s'écrièrent-ils dans leur langue ! *Ourion-
ni eri namihourcg ;* c'est-à-dire, notre père,
notre père, que nous te sommes obligés de ce
que tu nous procures le plaisir de te voir ! Je
les remerciai en peu de mots de la bonne
volonté qu'ils me témoignaient. Je ne tardai
pas à m'acquitter auprès d'eux des devoirs de
mon ministère. A peine eus-je fait dresser ma
tente, que je me hâtai de les rejoindre. Je les
conduisis au pied d'une grande croix, placée
sur le bord de la rivière. Je leur fis à haute
voix la prière du soir. Je la terminai par une
courte exhortation, ou je tâchai de leur retra-
cer les obligations d'un guerrier que la religion conduit dans les combats. Je les congé-
diai après leur avoir annoncé la messe pour le
lendemain. Je comptais que ce serait le jour
de notre départ : le mauvais temps trompa nos
espérances. Nous fûmes obligés de camper
encore ce jour-là, qui fut employé à faire les
dispositions propres à assurer notre marche.

Sur le soir la libéralité d'un officier nous
procura un de ces spectacles militaires sauvages, que bien des personnes admirent, com-

me étant capables de faire naître dans leurs cœurs des plus lâches cette ardeur martiale qui fait les véritables guerriers ; pour moi, je n'y ai jamais aperçu qu'une farce comique, capable de faire éclater de rire quiconque ne serait pas sur ses gardes. Je parle d'un festin de guerre. Figurez-vous une grande assemblée de sauvages parés de tous les ornemens les plus capables de défigurer une physionomie à deux yeux Européens. Le vermillon, le blanc, le vert, le jaune, le noir fait avec de la suie ou de la raclure des marmites ; un seul visage sauvage réunit toutes ces différentes couleurs méthodiquement appliquées, à l'aide d'un peu de suif qui sert de pommade. Voilà le fard qui se met en œuvre dans ces occasions d'appareil, pour embellir non seulement le visage, mais encore la tête, presque tout-à-fait rasée, à un petit flocon de cheveux près, réservé sur le sommet pour y attacher des plumes d'oiseaux ou quelques morceaux de porcelaine, ou quelqu'autre semblable colifichet. Chaque partie de la tête a ses ornemens marqués : le nez a son pendant. Il y en a aussi pour les oreilles, qui sont fendues dès le bas âge, et tellement allongées par les poids dont elles ont été surchargées, qu'elles viennent flotter et battre sur les épaules. Le reste de l'équipement répond à cette bizarre décoration. Une chemise barbouillée de vermillon, des colliers de porcelaine, des bracelets d'argent, un grand couteau suspendu sur la poitrine, une ceinture de couleurs variées, mais

toujours burlesquement assorties, des souliers
de peau d'orignal ; voilà quel est l'accoutre-
ment sauvage. Les chefs et les capitaines ne
sont distingués de ceux-ci que par le hausse-
col, et ceux-là que par un médaillon qui re-
présente d'un côté le portrait du Roi, et au
revers, Mars et Bellone qui se donne la main,
avec cette devise : *virtus et honor.*

Figurez vous donc une assemblée de gens
ainsi parés et rangés en haie. Au milieu sont
placées de grandes chaudières remplies de
viandes cuites et coupées par morceaux, pour
être plus en état d'être distribuées aux spectateurs. Après un respectueux silence, qui annonce la majesté de l'assemblée, quelques capitaines députés par les différentes nations qui
assistent à la fête, se mettent à chanter suc-
cessivement. Vous vous persuaderez sans
peine ce que peut être cette musique sauvage,
en comparaison de la délicatesse et du goût
de l'Européenne. Ce sont des sons formés, je
dirai presque au hasard, et qui quelquefois ne
ressemblent pas mal à des cris et à des hurlemens de loups. Ce n'est pas là l'ouverture de
la séance, ce n'en est que l'annonce et le prélude, pour inviter les sauvages dispersés à se
porter au rendez-vous général. L'assemblée
une fois formée, l'orateur de la nation prend
la parole, et harangue solennellement les con-
viés. C'est l'acte le plus raisonnable de la cérémonie. Le panégyrique du roi, l'éloge de
la nation française, les raisons qui prouvent la
légitimité de la guerre, les motifs de gloire

et de religion, tous propres à inviter les jeunes gens à marcher avec joie au combat : voilà le fond de ces sortes de discours, qui, pour l'ordinaire, ne se ressentent point de la barbarie sauvage ; j'en ai entendu plus d'une fois qui n'auraient pas été désavoués par nos plus beaux esprits de France. Une éloquence puisée toute dans la nature n'y fesait pas regretter le secours de l'art.

La harangue finie, on procède à la nomination des capitaines qui doivent commander dans le parti. Dès que quelqu'un est nommé, il se lève de sa place et vient se saisir de la tête d'un des animaux qui doivent faire le fond du festin. Il l'élève assez haut pour être aperçu de toute l'assemblée, en criant : *Voilà la tête de l'ennemi.* Des cris de joie et d'applaudissements s'élèvent alors de toutes parts et annoncent la satisfaction de l'assemblée. Le capitaine, toujours la tête de l'animal en main, parcourt tous les rangs, en chantant sa chanson de guerre, dans laquelle il s'épuise en fanfaronade, en défis insultans pour l'ennemi, et en éloges outrés qu'il se prodigue. A les entendre se prôner dans ces momens d'un enthousiasme militaire, ce sont tous des Héros à tout emporter, à tout écraser, à tout vaincre. A mesure qu'il passe en revue devant les sauvages, ceux-ci répondent à ces chants par des cris sourds, entrecoupés et tirés du fond de l'estomac, et accompagnés de mouvemens de corps si plaisans, qu'il faut y être fait pour les voir de sang-froid. Dans le cours de la chanson il a soin d'insérer de temps-en-temps quelque plaisanterie grotesque. Il s'arrête alors comme pour s'applaudir, ou plutôt pour recevoir les applaudissemens sauvages que mille cris confus font retentir à ses oreilles. Il prolonge sa promenade guerrière aussi long-temps que le jeu lui plait ; cesse-t-il de lui plaire, il la termine en jetant avec dédain la tête qu'il avait entre les mains, pour désigner par ce mépris affecté, que c'est une viande de toute autre espèce qu'il lui faut pour contenter son appétit militaire. Il vient ensuite reprendre sa place, où il n'est pas plutôt assis, qu'on lui coiffe quelquefois la tête d'une marmite de cendres chaudes ; mais ce sont là de ces traits d'amitié, de ces marques de tendresse qui ne se souffrent que de la part d'un ami bien déclaré et bien reconnu : une pareille familiarité d'un homme ordinaire serait censée une insulte. A ce premier guerrier en succèdent d'autres qui font traîner en longueur la séance, surtout quand il s'agit de former de gros partis, parce que c'est dans ces sortes de cérémonies que se font les enrôlemens. Enfin, la fête s'achève par la distribution et la consommation des viandes.

Tel fut le festin militaire donné à nos sauvages, et le cérémonial qui s'y observa. Les Algonkins, les Abnakis, les Nipistingues et les Amenecis étaient de cette fête. Cependant, des soins plus sérieux demandaient ailleurs notre présence ; il se fesait tard, nous nous levâmes, et chaque missionnaire, suivi de ses

Néophytes, alla mettre fin à la journée par les prières accoutumées. Une partie de la nuit fut employée à faire les dernières dispositions pour le départ fixé au lendemain. Le temps pour cette fois, nous favorisa. Nous nous embarquâmes après avoir mis notre voyage sous la protection du Seigneur, par une messe chantée solennellement, avec plus de méthode et de dévotion qu'on ne saurait se l'imaginer, les sauvages se surpassent toujours dans ce spectacle de religion. L'ennui de la marche me fut adouci par l'avantage que j'eus chaque jour de célébrer le saint sacrifice de la messe, tantôt sur quelques îles, tantôt sur les rivages de rivières, mais toujours dans un endroit assez découvert pour favoriser la dévotion de notre petite armée. Ce n'était pas une légère consolation pour des ministres du Seigneur, d'entendre chanter ses louanges en autant de langues différentes qu'ils étaient de peuples assemblés. Tous les jours chaque nation se choisissait un endroit commode où elle campait séparément. Les exercices de religion s'y pratiquaient aussi régulièrement que dans leurs villages ; de sorte que la consolation des missionnaires aurait été complète, si tous les jours de cette campagne eussent été aussi innocens que le furent les jours de notre marche.

Nous traversâmes le lac Champlain, où la dextérité des sauvages à pêcher, nous fournit un spectacle fort amusant. Placés sur le devant du canot, debout et la lance à la main,

ils le dardaient avec une adresse mer/eilleuse,
et amenaient de gros esturgeons, sans que
leurs petites nacelles, que le moindre mouvement irrégulier pouvait faire tourner, parus-
sent pencher le moins du monde, ni à droite,
ni à gauche ; il n'était pas nécessaire pour favoriser une pêche si utile, qu'on suspendît la
marche. Le seul pêcheur cessait de marcher ;
mais, en récompense, il était chargé de pourvoir à la subsistance de tous les autres, et il y
réussissait. Enfin, après six jours de route,
nous nous rendîmes au fort *Vaudreuil*, autrement nommé *Carillon*, où l'on avait assigné
le rendez-vous général de nos troupes. A peine
commençait-ou à distinguer le sommet des
fortifications, que nos sauvages se rangèrent
en bataille, chaque nation sous son pavillon.
Deux cents canots placés dans ce bel ordre,
formaient un spectacle que messieurs les officiers français, accourus sur le rivage, ne ju-
gèrent pas indigne de leur curiosité.

Dès que j'eus mis pied à terre, je m'em-
pressai d'aller rendre mes devoirs à M. le
Marquis de Montcalm, que j'avais eu l'honneur
de connaitre à Paris. Les sentiments dont il
honore nos missionnaires, m'étaient connus. Il
me reçut avec cette affabilité qui annonçait la
bonté et la générosité de son cœur. Les
Abnakis, moins pour se conformer au cérémonial que pour satisfaire à leurs inclinations
et à leurs devoirs, ne tardèrent pas à se présenter chez leur Général. Leur Orateur le
complimenta brièvement, comme on l'en avait

prié. *Mon père, lui dit-il, n'appréhende pas, ce ne sont pas des éloges que je viens te donner ; je connais ton cœur, il les dédaigne ; il te suffit de les mériter. Eh bien, tu me rends service ; car je n'étais pas dans un petit embarras de pouvoir te marquer tout ce que je sens. Je me contente donc de t'assurer que voici tes enfans tous prêts à partager tes périls, biens sûrs qu'ils ne tarderont pas à en partager la gloire.* La tournure de ce compliment ne paraîtra pas venir d'un sauvage : mais on n'aurait là-dessus aucun doute, si l'on connaissait le caractère d'esprit de celui qui le prononça.

J'appris chez M. de Montcalm la belle défense qu'avait faite, quelques jours auparavant, un Officier Canadien, nommé M. de Saintout: il avait été envoyé à la découverte sur le Lac Saint-Sacrement, lui onzième dans un seul canot d'écorce. En doublant une langue de terre, il fut surpris par deux berges Anglaises, qui, cachées en embuscade, l'attaquèrent brusquement. La partie n'était pas égale. Une seule décharge faite à propos sur le canot, aurait décidé de la victoire ou de la vie des Français. M. de Saintout, en homme sage, gagna à la hâte une île qui formait dans le Lac un rocher escarpé. Il fut vivement poursuivi par les ennemis. Mais il suspendit bientôt leur ardeur par une décharge qu'il fit faire sur eux avec autant de prudence que de bonheur. Les ennemis, déconcertés pour quelques momens, revirent bientôt à la charge ; mais ils furent de nouveau si bien reçus, qu'ils prirent le parti de débarquer sur la grève, qui était à la portée du fusil. Le combat recommença avec plus d'opiniâtreté qu'auparavant, mais avec un succès toujours égal pour nous. M. de Saintout s'apercevant que les ennemis n'étaient pas d'humeur à le venir attaquer dans son poste, et qu'il ne pouvait aller à eux sans risquer de voir son canot couler bas, pensa à la retraite. Il la fit en homme d'esprit, comme il s'était défendu en homme de cœur. Il s'embarqua en présence des Anglais, qui, n'osant le poursuivre, se contentèrent de faire sur lui un feu continuel. Nous eûmes dans cette rencontre trois blessés, mais légèrement ; M. de Saintout était du nombre. M. de Grosbois, cadet dans les troupes de la Colonie, fut tué sur la place. Les ennemis, de leur aveu, étaient sortis de leur fort trente-sept ; dix-sept seulement y rentrèrent. De pareils coups surprennent en Europe ; mais ici la valeur des canadiens les a si souvent multipliés, qu'on serait étonné de ne les voir pas renouvelés plus d'une fois dans le cours d'une campagne ; la suite de cette lettre en fournira la preuve.

Après avoir pris congé de M. de Montcalm, je me rendis au quartier des Abnakis. Je fis avertir l'orateur d'assembler incessamment ses compatriotes, et de les avertir que, devant aller dans quelques jours à l'attaque du fort anglais, j'attendais de leur religion, qu'ils se prépareraient à cette périlleuse expédition, par toutes les démarches propres à en assurer le succès devant Dieu : je leur fis savoir en même temps, que ma tente serait ouverte en tout temps et à tout le monde, et que je serais toujours prêt, au péril même de ma vie, de leur fournir les secours qu'exigeait mon ministère. Mes offres furent acceptées. Une partie me donna la consolation de les voir s'approcher du Tribunal de la Pénitence. J'en disposai quelques-uns à la réception de l'auguste Sacrement de nos Autels. Ce fut le dimanche suivant, vingt-quatrième de juillet, qu'ils jouirent de ce bonheur. Je n'oubliai rien pour donner à cette action le plus d'éclat qu'il m'était possible. Je chantai solennellement la Messe, pendant laquelle je leur fis la première exhortation Abnakise que j'aie faite dans les formes. Elle roula sur l'obligation où ils étaient de faire honneur à leur religion par leur conduite, en présence de tant de nations idolâtres, qui, ou ne la connaissaient pas, ou la blasphémaient, et qui avaient les yeux attachés sur eux. Les motifs les plus propres à faire impression, je tâchai de les présenter sous des couleurs frappantes ; je n'oubliai pas de leur rappeler les périls inséparables de la guerre, que leur courage et leur valeur ne servait qu'à multiplier. Si l'attention de l'auditeur et un maintien modeste décidait du fruit d'un discours, j'aurais eu tout lieu de me féliciter de mes faibles efforts. Ces exercices nous menèrent bien avant dans la matinée, mais le sauvage ne compte pas les momens qu'il donne à la religion ; il se montre avec décence et avec empressement dans nos Temples. Les libertés que les Français s'y permettent, et l'ennui qu'ils portent peint jusques sur leur front, ne sont que trop souvent le sujet de leur scandale. Ce sont là d'heureuses dispositions pour en faire un jour de parfaits chrétien.

Voilà les occupations auxquelles je me livrai avec bien du plaisir durant notre séjour aux environs du fort Vaudreuil. Il ne fut pas long ; le trisième jour expiré, nous reçûmes l'ordre d'aller rejoindre l'armée française, campée à une lieue plus haut, vers le Portage, c'est-à-dire, vers l'endroit où une grande chûte d'eau nous obligeait de transporter par terre, dans le lac Saint-Sacrement, les munitions nécessaires pour le siége. On fesait les dispositions pour le départ, lorsqu'elles furent arrêtées par un spectacle qui fixa tous les yeux.

On vit parait au loin, dans un des bras de la rivière, une petite flotte de canots sauvages, qui, par leurs arrangemens et leurs ornemens, annonçaient une victoire. C'était M. Marin, officier canadien d'un grand mérite, qui revenait glorieux et triomphant de l'expédition dont on l'avait chargé. A la tête d'un corps d'environ deux cents sauvages, il avait été détaché pour aller en parti vers le Fort Lydis ; il avait eu le courage, avec un petit camp volant, d'en attaquer les retranchemens avancés, et le bonheur d'en enlever un principal quartier. Les sauvages n'eurent que le temps d'emporter trente cinq chevelures de deux cens hommes qu'ils tuèrent, sans que leur victoire fût ensanglantée d'une seule goutte de leur sang, et leur coûtât un seul homme. L'ennemi, au nombre de trois mille hommes, chercha en vain à avoir sa revanche, en les poursuivant dans leur retraite ; elle fut faite sans la moindre perte. On était occupé à compter le nombre de trophées barbares, c'est à-dire des chevelures anglaises dont les canots étaient parés, lorsque nous aperçûmes, d'un autre côté de la rivière, une barque française qui nous amenait cinq anglais liés et conduits par des *Outaouacks*, dont ils étaient les prisonniers.

La vue de ces malheureux captifs répandit la joie et l'allégresse dans le cœur des assistans ; mais c'était, dans la plupart, une joie féroce et barbare, qui se produisit par des cris effroyables et par des démarches bien tristes pour l'humanité. Un millier de sauvages, tirés de trente-six nations réunies sous l'étendard français, étaient présens et bordaient le rivage. Dans l'instant, sans qu'il parût qu'ils se fussent concertés, on les vit courir avec la dernière précipitation vers les bois voisins. Je ne savais à quoi devait aboutir une retraite si brusque et si inopinée. Je fus bientôt au fait. Je vis revenir un moment après ces furieux, armés de bâtons, qui se préparaient à faire à ces infortunés anglais la plus cruelle des réceptions. Je ne pus retenir mon cœur à la vue de ces cruels préparatifs. Les larmes coulaient de mes yeux : ma douleur cependant ne fut point oisive. J'allai, sans délibérer, à la ren-

contre de ces bêtes farouches, dans l'espérance
de les adoucir ; mais, hélas ! que pouvait ma
faible voix, que pousser quelques sons que le
tumulte, la diversité des langues, plus encore
la férocité des cœurs rendaient inintelligibles ?
Du moins les reproches, les reproches les plus
amers ne furent-ils pas épargnés à quelques
Abnakis qui se trouvèrent sur mon chemin ;
l'air vif qui animait mes paroles, les amena à
des sentimens d'humanité. Confus et honteux
ils se séparèrent de la troupe meurtrière, en
jetant les cruels instrumens dont ils se dispo-
saient à faire usage. Mais qu'était-ce que quelques bras de moins sur deux mille déterminés à
frapper sans pitié ? Voyant l'inutilité des mouvements que je me donnais, je me déterminai
à me retirer, pour n'être pas témoin de la sanglante tragédie qui allait se passer. Je n'eus
pas fait quelques pas, qu'un sentiment de compassion me rappela sur le rivage, d'où je jetai
les yeux sur ces malheureuses victimes dont
on préparait le sacrifice. Leur état renouvela
ma sensibilité. La frayeur qui les avait saisis,
leur laissait à peine assez de force pour se soutenir ; leurs visages consternés et abattus étaient
une vraie image de la mort. C'était fait de
leur vie ; en effet, ils allaient expirer sous une
grêle de coups, si leur conservation ne fût ve-
nue du sein même de la barbarie, et si la sen-
tence de mort n'eût été révoquée par ceux
mêmes qui, ce semble, devaient être les premiers à la prononcer. L'officier Français qui
commandait dans la barque, s'était aperçu des

mouvemens qui s'étaient faits sur le rivage ;
touché de cette commisération si naturelle à
un honnête homme à la vue des malheureux,
il tâcha de la faire passer dans le cœur des
Outaouacks, maîtres des prisonniers ; il mania
si adroitement leurs esprits, qu'il vint à bout
de les rendre sensibles, et de les intéresser en
faveur de la cause des misérables. Ils s'y portèrent avec un zèle qui ne pouvait qu'infailli-
blement réussir. A peine la berge fut-elle assez
près du rivage, pour que la voix pût y porter,
qu'un Outaouack, prenant fièrement la parole, s'écria d'un ton menaçant : *Ces prisonniers sont à moi ; je prétends qu'on me res-
pecte, en respectant ce qui m'appartient ; trève
d'un mauvais traitement dont tout l'odieux re-
jaillirait sur ma téte.* Cent officiers français
auraient parlé sur le même ton, que leurs discours n'auraient abouti qu'à leur attirer à
eux des mépris, et à leurs captifs des redou-
blemens de coups ; mais un sauvage craint
son semblable, et ne craint que lui : leurs
moindres disputes vont à la mort ; aussi n'en
viennent-ils guères là. Les volontés de l'Outaouack furent donc aussitôt respectées que
notifiées : les prisonniers furent débarqués,
sans tumulte et conduits au fort, sans même
que la moindre huée les y accompagnât. Ils
furent d'abord séparés ; ils subirent l'inter-
rogatoire, où il ne fut pas nécessaire d'user
d'artifices, pour en tirer les éclaircissemens
qu'on souhaitait. La frayeur dont ils n'étaient
pas trop bien revenus leur déliait la langue, et

leur prêtait une volubilité qui apparemment n'aurait pas eu lieu sans cela. J'en visitai un dans un appartement du Fort, occupé par un de mes amis. Je lui donnai par signe les assurances les plus propres à le tranquiliser ; je lui fis présenter quelques rafraîchissemens, qu'il me parut recevoir avec reconnaissance.

Après avoir satisfait ainsi autant à ma compassion qu'aux besoins d'un malheureux, je vins hâter l'embarquement de mes gens ; il se fit sur l'heure. Le trajet n'était pas long. Deux heures suffirent pour nous rendre. La tente de M. le Chevalier de Lévi, était placée à l'entrée du camp. Je pris la liberté de présenter mes respects à ce Seigneur, dont le nom annonce le mérite, et dans qui le nom est ce qu'il y a de moins respectable. La conversation roulait sur l'action qui avait décidé du sort des cinq anglais, dont je viens de détailler la périlleuse aventure : j'étais bien éloigné d'en savoir les circonstances ; elles auront de quoi surprendre. Les voici.

M. de Corbiese, officier français, servant dans les troupes de la colonie, avait été commandé la nuit précédente pour aller croiser sur le Lac Saint-Sacrement. Sa troupe se montait environ à cinquante français, et à un peu plus de trois cens sauvages. Au premier point du jour, il découvrit un corps de trois cens anglais, détachés aussi en parti dans une quinzaine de Berges. Ces sortes de bateaux hauts de bord, et forts en épaisseur, en concurrence avec de frêles canots, compensaient suffisamment, et au-delà, la petite supériorité que nous pouvions avoir du côté du nombre. Cependant nos gens ne balancèrent pas à aller engager l'action ; l'ennemi parut d'abord accepter le défi de bonne grâce : mais cette résolution ne se soutint pas. Les français et les sauvages, qui ne pouvaient raisonnablement fonder l'espérance de la victoire que sur l'abordage que leur nombre favorisait, et qui d'ailleurs, risquaient tout à se battre de loin, se mirent à serrer de près l'ennemi, malgré la vivacité du feu qu'il fesait. L'ennemi ne les vit pas plutôt à ses trousses, que la terreur lui fit tomber les armes des mains. Il ne rendit plus de combat, ce ne fut plus qu'une déroute. De tous les partis le moins honorable sans contredit, mais, qui plus est, le plus dangereux, était de gagner la grève. C'est celui auquel il se détermina. Dans l'instant on les voit tirer avec précipitation vers le rivage : quelques-uns d'entr'eux, pour y arriver plutôt, se mettent à la nage, en se flattant de pouvoir se sauver à la faveur des bois ; entreprise mal concertée, dont ils eurent tout le temps de pleurer la folie. Quelque vitesse que les efforts redoublés des rameurs pussent donner à des bateaux que l'art et l'habileté de l'ouvrier avaient rendus susceptibles de célérité, elle n'approchait pas, à beaucoup près, de la vitesse d'un canot d'écorce ; il vogue, ou plutôt il vole sur l'eau avec la rapidité d'un trait. Aussi les anglais furent-ils bientôt atteints. Dans la première chaleur du combat, tout fut massacré sans miséricorde ; tout fut haché en pièces. Ceux qui avaient déjà gagné les bois, n'eurent pas un meilleur sort. Les bois sont l'élément des sauvages ; ils y coururent avec la légéreté des chevreuils. Les ennemis y furent joints et coupés par morceaux. Cependant les Outaouacks voyant qu'ils n'avaient plus affaire à des combattans, mais à des gens qui se laissaient égorger sans résistance, pensèrent à faire des prisonniers. Le nombre en monta à cent cinquante-sept, celui des morts à cent trente-un ; douze seulement furent assez heureux pour échapper à la captivité et à la mort. Les berges, les équipages, les provisions, tout fut pris et pillé. Pour cette fois, monsieur, vous vous attendez, sans doute, qu'une victoire si incontestable nous coûta cher. Le combat se donna sur l'eau, c'est-à-dire, dans un lieu tout-à-fait découvert ; l'ennemi n'y fut pas pris au dépourvu. Il eut tout le temps de faire ses dispositions ; il combattait de plus de haut-en-bas, pour ainsi dire ; du haut de ses berges, il déchargeait la mousqueterie sur de faibles canots d'écorces, qu'un peu d'adresse, ou plutôt qu'un peu de sang-froid aurait aisément fait submerger avec tous ceux qui les défendaient. Cela est vrai : cependant un succès si complet fut acheté au prix d'un seul sauvage blessé, dont le poignet fut démis par un coup de feu.

.Tel fut le sort du détachement de l'infortuné M. Copperelh, qui en était le commandant, et que le bruit général dit avoir péri sous les eaux. Les ennemis ne s'expriment sur les désastres de cette journée, qu'en des termes qui marquent également et leur douleur et leur surprise. Ils conviennent ingénument de la grandeur de leur perte. Il serait, en effet, difficile de s'inscrire en faux contre la moindre particularité : les cadavres des officiers et de leurs soldats, en partie flottans sur les eaux du Lac St.-Sacrement, en partie encore étendus sur le rivage, déposeraient contre ce désaveu. Quant à leurs prisonniers, la plus grande partie gémit encore dans les fers de M. le Chevalier de Lévi. Je les vis défiler par bandes, escortés de leurs vainqueurs, qui, occupés en barbares de leur triomphe, ne paraissaient guères d'humeur à adoucir la défaite des vaincus. Dans l'espace d'une lieue qu'il me fallait faire pour rejoindre mes Abnakis, je fis rencontre de plusieurs petites troupes de ces captifs. Plus d'un sauvage m'arrêta sur mon chemin pour faire montre de sa prise en ma présence, et pour jouir en passant de mes applaudissemens. L'amour de la patrie ne me permettait pas d'être insensible à des succès qui intéressaient la nation. Mais le titre de malheureux est respectable, non-seulement à la religion, mais à la simple nature. Ces prisonniers d'ailleurs s'offraient à moi sous un appareil si triste, les yeux baignés de larmes, le visage couvert de sueur et même de sang, la corde au cou. A cet aspect, les sentimens de compassion et d'humanité avaient bien droit sur mon cœur. Le rhum dont s'étaient gorgés les nouveaux maîtres, avait échauffé leurs têtes et irrité leur férocité naturelle. Je craignais à chaque instant de voir quelque prisonnier, victime et de la cruauté et de l'ivresse, massacré sous mes yeux, tomber mort à mes pieds ; de sorte que j'osais à peine lever la tête, de peur de rencontrer les regards de quelqu'un de ces malheureux. Il me fallut bientôt être témoin d'un spectacle tout autrement horrible que ce que ce que j'avais vu jusques-là.

Ma tente avait été placée au milieu du camp des Outaouacks. Le premier objet qui se présenta à mes yeux, en y arrivant, fut un grand feu ; et des broches de bois plantées à terre désignaient un festin. C'en était un. Mais ô Ciel ! quel festin ! Les restes d'un cadavre anglais, écorché et décharné plus d'à moitié. J'aperçus un moment après, ces inhumains mangeant, avec une famélique avidité, de cette chair humaine ; je les vis puiser à grandes cuillers leur détestable bouillon, et ne pouvoir s'en rassasier. On m'y apprit qu'ils s'étaient disposés à ce régal, en buvant à pleins crânes le sang humain ; leurs visages encore barbouillés, et leurs lèvres teintes assuraient la vérité du rapport. Ce qu'il y a de plus triste, c'est qu'ils avaient placé tout-auprès une dixaine d'anglais, pour être spectateurs de leur infame repas. L'Outaouack approche de l'Abnakis ; je crus qu'en fesant à ces monstres d'inhumanité quelque douce représentation, je gagnerais quelque chose sur eux. Je me flattais. Un jeune déterminé prit la parole, et me dit en mauvais français : *Toi avoir le goût français, moi sauvage, cette viande bonne pour moi.* Il accompagna son discours par l'offre qu'il me fit d'un morceau de grillade anglaise. Je ne répliquai rien à son raisonnement digne d'un barbare ; quant à ses offres, on s'imagine aisément avec quelle horreur je les rejetai.

Instruit par l'inutilité de cette tentative, que mes secours ne pouvaient qu'être tout-à-fait infructueux pour les morts, je me tournai du côté des vivans, dont le sort me paraissait cent fois plus à plaindre. J'allai aux anglais : un de la troupe fixa mon attention : aux ornemens militaires dont il était encore paré, je reconnus un officier ; sur le-champ mon parti fut pris de l'acheter, et de lui assurer sa liberté avec la vie. Je m'approchai dans cette vue d'un vieillard Outaouack, persuadé que le froid de la vieillesse ayant modéré sa férocité, je le trouverais plus favorable à mon dessein ; je lui tendis la main, en le saluant poliment, dans l'espérance de le gagner par ces manières prévenantes ; mais ce n'était pas un homme avec qui j'avais à traiter, c'était pis qu'une bête féroce, qu'on adoucit au moins par des caresses. *Non,* me dit-il, d'un ton foudroyant et menaçant, tout propre à me remplir de frayeur, si j'avais été dans ce moment susceptible d'autres sentimens que ceux qu'inspirent la compassion et l'horreur. *Non, je ne veux point de tes amitiés ; retire-toi.* Je ne crus pas devoir attendre qu'il me réitérât un compliment de cette espèce ; je lui obéis.

J'allai me renfermer dans ma tente, et m'y livrer aux réflexions que la religion et l'humanité peuvent suggérer dans ces sortes de circonstances. Je ne pensai point à prendre des mesures pour précautionner mes Abnakis contre des excès si crians. Quoique l'exemple soit un écueil redoutable pour tous les hommes, en matière de tempérance et de mœurs, ils étaient incapables de se porter à ces extrémités ; on leur doit même cette justice que, dans les temps où ils étaient plongés le plus avant dans les ténèbres du paganisme, jamais ils n'ont mérité l'odieux nom d'antropophages. Leur caractère humain et docile sur cet article les distinguait dès-lors de la plus grande partie des sauvages de ce continent. Ces considérations me conduisirent bien avant dans la nuit.

Le lendemain, à mon réveil, je comptais qu'il ne resterait plus autour de ma tente aucun vestige du repas de la veille. Je me flattais que les vapeurs de la boisson dissipées, et l'émotion inséparable d'une telle action étant appaisée, les esprits seraient devenus plus rassis, et les cœurs plus humains. Je ne connaissais pas le génie et le goût Outaouac. C'était par choix, par délicatesse, par friandise, qu'ils se nourrissaient de chair humaine. Dès l'aurore ils n'avaient rien eu de si pressé que de recommencer leur exécrable cuisine. Déjà ils n'attendaient plus que le moment désiré où ils pussent assouvir leur faim plus que canine, en dévorant les tristes restes du cadavre de leur ennemi. J'ai déjà dit que nous étions trois missionnaires attachés au service des sauvages. Durant toute la campagne, notre logement fut commun, nos délibérations unanimes, nos démarches uniformes, et nos volontés parfaitement conformes. Cette intelligence ne servit pas peu à adoucir les travaux inséparables d'une course militaire. Après nous être concertés, nous jugeâmes tous que le respect dû à la majesté de nos mystères ne nous permettait pas de célébrer le sacrifice de l'Agneau sans tache dans le centre même de la barbarie. D'autant mieux que ces peuples adonnés aux plus bizarres superstitions, pouvaient abuser de nos plus respectables cérémonies, pour en faire la matière ou même la décoration de leurs jongleries. Sur ce fondement, nous abandonnâmes ce lieu proscrit par tant d'abominations, pour nous enfoncer dans les bois. Je ne pus faire ce mouvement sans me séparer tant soit peu de mes Abnakis. J'y étais autorisé, ce semble ; j'eus presque lieu cependant de regretter mon premier campement ; vous en jugerez par les suites. Je ne fus pas plutôt établi dans mon nouveau domicile, que je vis se renouveler dans les cœurs de mes Néophytes leur ardeur à s'approcher du Tribunal de la Pénitence. La foule en grossit si fort, que j'avais peine à suffire à leur empressement. Ces occupations jointes aux autres devoirs de mon ministère, remplirent si bien quelques-unes de mes journées, qu'elles disparurent presque sans que je m'en aperçusse. Heureux si je n'eusse eu à me prêter qu'à de si dignes fonctions ! tout mon sang, ce n'aurait pas été trop pour payer ce bonheur : mais les consolations des ministres de Jésus-Christ ne sont pas durables ici-bas, parce que les succès des travaux entrepris pour la gloire de leur maître ne le sont pas. Trop d'ennemis conspirent à les traverser, pour ne pas jouir enfin du triste triomphe d'y réussir.

Tandis que plusieurs de mes Abnakis ménageaient en chrétiens leur réconciliation et leur grâce auprès du Seigneur, d'autres cherchaient en téméraires à irriter sa colère et à provoquer ses vengeances. La boisson est la passion favorite, le faible universel de toutes les nations sauvages, et par malheur il n'est que trop de mains avides qui la leur versent, en dépit des lois divines et humaines. Il n'est pas douteux que la présence du missionnaire, par le crédit qu'il tient de son caractère, n'obvie à bien des désordres. Par les raisons que j'ai déduites plus haut, je m'étais un peu éloigné de mes gens ; j'en étais séparé par un petit bois. Je ne pouvais m'aviser de le franchir de nuit pour aller observer si le bon ordre régnait dans leur camp, sans m'exposer à quelque sinistre aventure, non-seulement de la part des Iroquois attachés au parti anglais, lesquels, à la porte même du camp, avaient enlevé, quelques jours auparavant, la chevelure à un de nos grenadiers, mais encore de la part de nos idolâtres, sur lesquels l'expérience m'avait appris qu'on ne pouvait faire de fonds. Quelques jeunes Abnakis, joints à des sauvages de différentes nations, profitèrent de mon absence et des ténèbres de la nuit pour aller à la faveur du sommeil général, dérober à la sourdine de la boisson dans les tentes françaises. Une fois nantis de leur précieux trésor, ils se hâtèrent d'en faire usage, et bientôt les têtes furent dérangées. L'ivressse sauvage est rarement tranquille, presque toujours bruyante. Celle-ci éclata d'abord par des chansons, par des danses, par du bruit, en un mot, et finit par des coups. A la pointe du jour elle était dans le fort de ses extravagances ; ce fut la première nouvelle dont je fus servi à mon réveil. J'accourus promptement à l'endroit d'où partait le tumulte. Tout y était dans l'alarme et dans l'agitation. C'était l'ouvrage des ivrognes. Tout rentra bientôt dans l'ordre par la docilité de mes gens. Je les pris sans façon par la main l'un après l'autre. Je les conduisis sans résistance dans leur tente, où je leur ordonnai de reposer.

Le scandale paraissait apaisé, lorsqu'un Horaïgan, naturalisé Abnakis, et adopté par la nation, renouvela la scène sur un ton un peu plus sérieux ; après s'être pris de parole avec un Iroquois, son compagnon de débauche, ils en vinrent aux mains. Le premier, beaucoup plus vigoureux, après avoir terrassé son adversaire, fesait pleuvoir sur lui une grêle de coup, et qui plus est, lui déchirait les épaules à belles dents. Le combat était le plus échauffé lorsque je les atteignis : je ne pouvais emprunter d'autres secours que celui de mes mains pour séparer les combattans, les sauvages se redoutant trop mutuellement pour s'ingérer jamais, à quelque prix que ce soit, dans les disputes des uns et des autres. Mais mes forces ne répondaient point à la grandeur de l'entreprise, et le victorieux était trop animé pour relâcher sitôt sa proie. Je fus tenté de laisser ces furieux se punir par leurs mains de leurs eccès ; mais je craignais que la scène ne fût ensanglantée par la mort d'un des champions : je redoublai mes efforts ; à force de secouer l'Abnakis, il sentit enfin qu'on secouait ; il tourne alors la tête : ce ne fut qu'avec bien de la peine qu'il me reconnut ; il ne se mit pas néanmoins à la raison ; il lui fallut quelques momens pour se remettre ; après quoi il donna à l'Iroquois le champ libre pour s'évader, dont celui-ci profita de bonne grâce.

Après avoir pris des mesures pour obvier au renouement de la partie, je me retirai plus fatigué qu'on ne saurait croire, de la course que je venais de faire ; mais il me fallut bientôt recommencer ; je fus averti qu'une troupe de mes guerriers assemblés sur le rivage, autour des bateaux où était le dépôt des poudres, s'y amusait à faire le coup du fusil, en dépit de la garde, et au mépris même des ordres, ou plutôt des prières des officiers ; car le sauvage est son maître et son roi, et il porte par-tout avec lui son indépendance. Je n'avais pas pour cette fois à lutter contre l'ivresse ; il ne s'agissait que de réprimer la jeunesse inconsidérée de quelques étourdis ; aussi la décision fut prompte. Imaginez-vous une foule d'écoliers qui redoutent leur maîtres. Tels furent à ma présence ces guerriers si redoutables : ils disparurent à mon approche, au grand étonnement des français. A peine pus-je en joindre un à qui je demandai, d'un ton d'indignation, s'il était las de vivre, ou s'il avait conjuré notre perte ? Il me répondit, d'un ton fort radouci : non, mon Père. Pourquoi donc, ajoutai-je, pourquoi allez-vous vous exposer à sauter en l'air, et nous faire sauter nous-mêmes par l'embrasement des poudres ? Taxe-nous d'ignorance, répliqua-t-il, mais non de malice. Nous ignorions qu'elles fussent si près. Sans faire tort à sa probité, on pouvait suspecter la vérité de son excuse ; mais c'était beaucoup qu'il voulût descendre à une justification, et plus encore qu'il voulût mettre fin à son dangereux badinage, ce qu'il exécuta sur-le-champ.

L'inaction à laquelle je voyais condamnés nos sauvages chrétiens, jointe à leur mélange avec tant de nations idolâtres, me faisait trembler, non pour la religion, mais pour leur conduite. Je soupirais après le jour où les préparatifs nécessaires pour l'expédition une fois consommés, on pourrait se mettre en mouvement. L'esprit occupé, le cœur est plus en

sûreté. Il arriva enfin ce moment si désiré.
M. le Chevalier de Lévi à la tête de trois
mille hommes, avait pris la route par terre, le
vendredi 29 de juillet, afin d'aller protéger la
descente de l'armée, qui devait aller par eau.
Sa marche n'eut aucune de ces facilités que
fournissent en Europe ces grands chemins faits
avec une magnificence royale pour la commo-
dité des troupes. Ce fut d'épaisses forêts à
percer, des montagnes escarpées à franchir,
des mara s boueux à traverser. Après une
marche forcée de toute une journée, c'était
beaucoup si on se trouvait en avant de 3
lieues ; de sorte qu'il fallut cinq jours pour
faire douze lieues. Sur ces obstacles, qu'on
avait bien prévus, le départ de ce corps avait
précédé de quelques jours. Ce fut le dimanche que nous nous embarquâmes avec les
sauvages seulement, qui pouvaient faire un
gros de 1,200 hommes alors, les autres étant
partis par terre.

Nous n'eûmes pas fait 4 à 5 lieues sur le
lac, que nous aperçumes des marques sensibles de notre dernière victoire : c'était des
berges anglaises abandonnées, qui, après avoir
flotté long-temps au gré des eaux et des vents,
étaient enfin allées échouer sur la grève.
Mais le spectacle le plus frappant fut une assez
grande quantité de cadavres anglais, étendus
sur le rivage, ou épars çà et là dans les bois.
Les uns étaient hachés par morceaux, et
presque tous étaient mutilés de la façon la
plus affreuse. Que la guerre me parut un

fléau terrible ! Il aurait été bien consolant pour moi de procurer de ma main les honneurs de la sépulture à ces tristes restes de nos ennemis ; mais ce n'était que par condescendance qu'on avait débarqué dans cette anse. Ce fut un devoir et une nécessité pour nous de nous remettre incessamment en route, conformément aux ordres qui nous pressaient de nous rendre. Nous abordâmes sur le soir au lieu qui nous avait été assigné pour camper. C'était une côte semée de ronces et d'épines, qui était le repaire d'une multitude prodigieuse de serpens à sonnettes. Nos sauvages, qui leur donnèrent la chasse, en attrapèrent plusieurs qu'ils m'apportèrent.

Ce reptile venimeux, s'il en fût jamais, a une tête dont la petitesse ne répond pas à la grosseur de son corps ; sa peau est quelquefois régulièrement tachetée d'un noir foncée, et d'un jaune pâle ; d'autres fois elle est entièrement noire. Il n'est armé d'aucun aiguillon, mais ses dents sont extrêmement aiguës. Il a l'œil vif et brillant ; il porte sous la queue plusieurs petites écailles, qu'il enfle prodigieusement, et qu'il agite violemment l'une contre l'autre, quand il est irrité. Le bruit qui en résulte a occasionné le nom sous lequel il est connu. Son fiel boucanné est un spécifique contre le mal de dents. Sa chair, aussi boucannée et réduite en poudre, passe pour un excellent fébrifuge. Du sel mâché et appliqué sur la plaie est un topique assuré contre ses morsures, dont le venin est si prompt, qu'il donne la mort dans moins d'une heure.

Le lendemain, sur les quatre heures du soir, M. de Montcalm arriva avec le reste de l'amée. Il fallut nous remettre en route malgré un déluge de pluie qui nous inondait. Nous marchâmes presque toute la nuit, jusqu'à ce que nous distinguâmes le camp de M. de Lévi ; à trois feux placés en triangle sur la croupe d'une montagne. Nous fîmes halte dans cet endroit, où l'on tint un conseil général, après lequel les troupes de terre se mirent de nouveau en marche vers le fort George, distant seulement de quatre lieues. Ce ne fut que vers le midi que nous remontâmes en canot. Nous nagions lentement pour donner le temps aux bateaux chargés de l'artillerie de nous suivre. Il s'en fallait bien qu'ils le pussent. Sur le soir nous avions plus d'une grande lieue d'avance. Cependant, comme nous étions arrivés à une baie dont nous ne pouvions doubler la pointe sans nous découvrir entièrement aux ennemis, nous nous déterminâmes, en attendant de nouveaux ordres, à y passer la nuit. Elle fut marquée par une petite action, qui fut le prélude du siége.

Sur les onze heures, deux berges parties du fort parurent sur le lac. Elles naviguaient avec une assurance et une tranquillité dont elles ne tardèrent pas à revenir. Un de mes voisins, qui veillait pour la sûreté générale, les distingua dans un assez grand éloignement. La nouvelle fut portée à tous les sauvages, et les préparatifs pour les recevoir, terminés avec une promptitude et un silence admirables. Je fus sommé dans l'instant de pouvoir à ma sûreté, en gagnant la terre, et de là l'intérieur des bois. Ce ne fut point par une bravouve déplacée dans un homme de mon état que je fis la sourde oreille à l'avis qu'on avait la bonté de me donner ; mais je ne le croyais pas sérieux, parce que je croyais avoir des titres pour suspecter la vérité de la nouvelle. Quatre cens bateaux ou canots, qui couvraient depuis deux jours la surface des eaux du lac Saint-Sacrement, formaient un attirail trop considérable pour avoir pu échapper aux yeux attentifs et éclairés d'un ennemi. Sur ce principe, j'avais peine à me persuader que deux berges eussent la témérité, je ne dis pas de se mesurer, mais de se présenter devant des forces si supérieures ; je raisonnais, et il me fallait qu'ouvrir les yeux. Un de mes amis, spectateur de tout, m'avertit encore, d'un ton trop sérieux pour ne pas me rendre, que j'étais déplacé. Il avait raison. Un bateau assez vaste réunissait tous les missionnaires. On y avait mis une tente pour nous mettre à l'abri des injures de l'air, pendant les nuits assez froides dès-lors sous ce climat ; ce pavillon, ainsi dressé, formait en l'air une espèce d'ombrage qu'on découvrait aisément à la lueur des étoiles. Curieux de s'éclaircir, c'était à-peu-près la même chose. Peu, en effet, l'auraient échappée, si, par bonheur pour eux, une petite aventure ne nous eût trahis quelques momens trop tôt. Un des

moutons de notre armée se prit à bêler ; à ce
cri, qui décelait l'embuscade, les ennemis
tournèrent face, firent route vers le rivage opposé, et forcèrent de rames pour s'y sauver à
la faveur des ténèbres et des bois. Cette
manœuvre aussitôt reconnue, que faire ?
Douze cens sauvages s'ébranlèrent, et volèrent
à leur poursuite avec des hurlemens aussi ef-
frayans par leur continuité que par leur nombre. Cependant des deux côtés on sembla
d'abord se respecter ; par un seul coup de
fusil ne fut lâché. Les agresseurs n'ayant pas
eu le temps de se former, craignaient de se
tuer mutuellement, et voulaient, d'ailleurs, des
prisonniers. Les fugitifs employaient plus
utilement leurs bras à accélérer leur fuite.
Ils touchaient presqu'au terme, lorsque les
sauvages, qui s'aperçurent que leur proie
échappait, firent feu. Les anglais, serrés de
trop près par quelques canots avant-cou-
reurs, furent obligés d'y répondre. Bientôt un
silence sombre succéda à tout ce fracas. Nous
étions dans l'attente d'un succès, lorsqu'un faux
brave s'avisa de se faire honneur dans l'histoire fabuleuse du combat, auxquel il n'avait
sûrement pas assisté. Il débuta par assurer
que l'action avait été meurtrière pour les Abnakis. C'en fut assez pour me mettre en action. Muni des Saintes-Huiles, je me jetai
avec précipitation ·dans un canot pour aller
au devant des combattants. Je priais à chaque
instant mes guides de faire diligence. Il n'en
était pas besoin, du moins pour moi. Je fis

rencontre d'un Abnakis, qui, mieux instruit,
parce qu'il avait été plus brave, m'apprit que
cette action si meurtrière s'était terminée à
un Nipistingue tué et un autre blessé à l'a-
bordage. Je n'attendis pas le reste de son récit ; je me pressai d'aller rejoindre nos gens
pour céder ma place à Mathavet, missionnaire de la nation Nipistingue. J'arrivais par
eau, lorsque M. de Montcalm, qui, au bruit de
la mousqueterie, avait pris terre un peu au-
dessous, arriva à travers les bois ; il apprit que
je venais de la découverte, et s'adressa à moi
pour être mieux au fait : mon Abnakis, que je
rappelai, lui fit un court récit du combat.
L'obscurité de la nuit ne permettait pas de
savoir le nombre des morts ennemis ; on s'é-
tait saisi de leurs berges ; et on leur avait fait
trois prisonniers. Le reste errait à l'aventure
dans les bois : M. de Montcalm, charmé de
ce détail, se retira pour aller aviser, avec sa
prudence accoutumée, aux opérations du lendemain.

Le jour commençait à peine à paraître,
que la partie de la nation Nipistingue pro-
céda à la cérémonie des funérailles de leur
frère, tué sur la place dans l'action de la nuit
précédente, et mort dans les erreurs du paganisme. Ces obsèques furent célébrées avec
toute la pompe et l'appareil sauvage. Le cadavre avait été paré de tous les ornemens, ou
plutôt surchargé de tous les atours que la
plus originale vanité puisse mettre en œuvre
dans des conjonctures assez tristes par elle-

mêmes : colliers de porcelaine, bracelets d'argent, pendans d'oreilles et de nez, habits ma-
gnifiques ; tout lui avait été prodigué ; on
avait emprunté le secours du fard et du vermillon pour faire disparaître, sous ces couleurs
éclatantes, la pâleur de la mort, et pour donner à son visage un air de vie qu'il n'avait
pas. On l'avait oublié aucune des décorations
d'un militaire sauvage : un hausse-col, lié
avec un ruban de feu, pendait négligemment
sur sa poitrine ; le fusil appuyé sur son bras,
le casse-tête à la ceinture, le calumet à la
bouche, la lance à la main, la chaudière rem-
plie à ses côtés. Sous cette attitude guerrière
et animée on l'avait assis sur une éminence
revêtue de gazon, qui lui servait de lit de
parade. Les sauvages rangés en cercle autour de ce cadavre, gardèrent pendant quel-
quesques momens un silence sombre, qui
n'imitait pas mal la douleur. L'Orateur le
rompit en prononçant l'oraison funèbre du
mort ; ensuite succédèrent les chants et les
danses, accompagnés du son des tambours de
basque, entourés de grelots. Dans tout cela
éclatait je ne sais quoi de lugubre qui répon-
dait assez à une triste cérémonie. Enfin, le
convoi funèbre fut terminé par l'inhumation
mort, auprès duquel on eut bien soin d'enter-
rer une bonne provision de vivres, de crainte
sans doute que, par le défaut de nourriture,
il ne mourût une seconde fois. Ce n'est point
en témoin oculaire que je parle ; la présence
d'un missionnaire ne cadrerait guère avec ces

sortes de cérémonies, dictées par la supersti-
tion, et adoptées par une stupide crédulité ;
je tiens ce récit des spectateurs.

Cependant la baie dans laquelle nous avions
mouillé, retentissait de toutes parts de bruits
de guerre. Tout y était en mouvement et en
action. Notre artillerie, qui consistait en
trente deux pièces de canons et cinq mortiers,
posés sur des plates-formes, qui étaient assises
sur des bateaux amarrés ensemble, défila la
première. En dépassant la langue de terre
qui nous dérobait à la vue de l'ennemi, on
eut soin de saluer le fort par une décharge
générale, qui ne fut d'abord que de pure cérémonie, mais qui en annonçait de plus sé-
rieuses. Le reste de la plus petite flotte suivit,
mais lentement. Déjà un gros de sauvages
avait assis son camp sur les derrières du fort
George, ou sur le chemin du fort Lydis, pour
couper toute communication entre les deux
fort anglais. Le corps de M. le Chevalier de
Levi occupait les défilés des montagnes, qui
conduisaient au lieu projeté de notre débar-
quement. A la faveur de ces mesures si sages,
notre descente se fit sans opposition, à une
bonne demi-lieue au dessous du fort. Les ennemis avaient trop affaire chez eux pour en-
treprendre d'y venir former des obstacles. Ils
ne s'attendaient à rien moins qu'à un siége.
Je ne sais trop de quel principe partait leur
confiance. Les environs de leurs forts étaient
occupés par une multitude de tentes encore
toutes dressées à notre arrivée. On y remar-

quait une quantité de baraques propres à favoriser les assiégeans. Il fallut nettoyer ces dehors, détendre les tentes, brûler les baraques ; ces mouvemens ne purent se faire sans essuyer bien des décharges de la part des sauvages, toujours attentifs à profiter des avantages qu'on leur donne. Leur feu aurait été bien plus meurtrier, si un autre objet n'eût attiré une partie de leur attention. Des troupeaux de bœufs et de chevaux, qu'on n'avait pas eu le temps de mettre à couvert, erraient dans les bas-fonds, situés au voisinage du fort. Les sauvages se firent d'abord une occupation de donner la chasse à ces animaux ; cent cinquante bœufs tués ou pris, et cinquante chevaux furent d'abord les fruits de cette petite guerre ; mais ce n'était là que comme les préliminaires et les dispositifs du siége.

Le fort George était un carré flanqué de quatre bastions ; les courtines en étaient fraisées, les fossés creusés à la profondeur de dix-huit à vingt pieds, l'escarpe et la contre-escarpe étaient talutées de sable mouvant ; les murs étaient formés de gros pins terrassés et soutenus par des pieux extrêmement massifs, d'où il résultait un terre-plein de quinze à dix-huit pieds qu'on avait eu soin de sabler tout-à-fait. Quatre à cinq cens hommes le défendaient à l'aide de dix-neuf canons, dont deux de trente-six, les autres de moindre calibre, et de quatre à cinq mortiers. La place n'était protégée par aucun autre ouvrage extérieur que par un rocher fortifié, revêtu de palissades assurées par des monceaux de pierres. La garnison en était de dix-sept cens hommes, et rafraîchissait sans cesse celle du fort. La principale défense de ce retranchement consistait dans son assiette qui dominait tous les environs, et qui n'était accessible à l'artillerie que du côté de la place, à raison des montagnes et des marais qui en bordaient les différentes avenues. Tel était le fort George, selon les connaissances qui j'ai prises sur les lieux après la reddition de la place ; il n'était pas possible de l'investir et de lui boucher entièrement tous les passages. Six mille français ou canadiens et dix-sept cens sauvages, qui fesaient toutes nos forces, ne répondaient point à l'immensité du terrain qu'il aurait fallu embrasser pour y parvenir. A peine vingt mille hommes auraient-ils pu y suffire. Les ennemis jouirent donc toujours d'une porte de derrière pour se glisser dans les bois, ce qui aurait pu leur servir d'une utile ressource, s'ils n'avaient pas eu en tête des sauvages ; mais rarement échappe-t-on de leur mains par cette voie. Leurs quartiers étaient d'ailleurs placés sur le chemin Lydis, fort au voisinage des bois, et où ils battaient si souvent l'estrade, que ç'aurait été bien aventurer sa vie que d'y chercher un asile. A peu de distance étaient logés les canadiens postés sur le sommet des montagnes, et toujours à portée de leur donner la main. Enfin les troupes réglées venues de France, à qui pre-

prement appartenaient les travaux du siége, occupaient la lisière des bois fort près du terrain où devait s'ouvrir la tranchée ; suivait le camp de réserve, muni de forces suffisantes pour le mettre à couvert de toute insulte.

Ces arrangements pris, M. le Marquis de Montcalm fit porter à l'ennemi des propositions qui lui auraient épargné bien du sang et bien des larmes, si elles eussent été acceptées. Voici à peu-près en quels termes était conçue la lettre de sommation qui fut adressée à M. Morean, commandant de la place, au nom de Sa Majesté Britannique. *Monsieur, j'arrive avec des forces suffisantes pour emporter la place que vous tenez, et pour couper tous les secours qui pourraient vous venir d'ailleurs ; je compte à ma suite une foule de nations sauvages que la moindre effusion de sang pourrait aigrir au point de les arracher pour toujours à tous sentimens de modération et de clémence. L'amour de l'humanité m'engage à vous sommer de vous rendre dans un temps où il ne me sera pas impossible de les faire condescendre à une composition honorable pour vous et utile pour tous. J'ai, etc., signé, Montcalm.*

Le porteur de la lettre fût M. Fontbrane, Aide de camp de M. de Levi. Il fut accueilli par MM. les officiers anglais, dont plusieurs étaient de sa connaissance, avec une politesse et des égards dont les lois de l'honneur ne dispensent personne, quand il fait la guerre en honnête homme. Mais cette favorable réception ne décida de rien pour la reddition de la placé, il y parut par la réponse. La voici : *Monsieur le Général Montcalm, je vous suis obligé en particulier des offres gracieuses que vous me faites ; mais je ne puis, accepter : je crains peu la barbarie. J'ai d'ailleurs sous mes ordres des soldats déterminés comme moi à périr ou à vaincre. J'ai, etc., signé, Moreau* (Munro). La fierté de cette réponse fut bientôt publiée au bruit d'une salve générale de l'artillerie ennemie. Il s'en fallait bien que nous fussions en état de riposter sur-le-champ. Avant que de venir à bout d'établir une batterie, il fallait transporter nos canons l'espace d'une bonne demi-lieue à travers les rochers et les bois. Grâce à la voracité des sauvages, nous ne pouvions emprunter pour cette manœuvre le secours d'aucune de nos bêtes de somme. Ennuyés, disaient-ils, de la viande salée, ils n'avaient point fait de difficulté de s'en saisir et de s'en régaler quelques jours auparavant sans consulter autre chose que leur appétit ; mais au défaut de ce secours, tant de bras animés par le courage et par le zèle envers le souverain, se prêtèrent de si bonne grâce au travail, que les obstacles furent bientôt applanis et vaincus, et l'ouvrage porté à sa perfection. Durant tous ces mouvemens, j'étais logé auprès de l'Hôpital où j'espérais d'être à portée de donner aux mourans et aux morts les secours de mon ministère. J'y demeurai quelques temps sans avoir la moindre nouvelle de mes sauvages. Ce silence m'inquiétait ; j'avais une grande envie de les assembler en-

core une fois pour profiter des périlleuses con-
jectures où ils étaient, et pour les amener tous,
s'il était possible, à des sentimens avoués par
la religion. Sur cela je pris le parti de les aller
chercher. Le voyage avait ses difficultés et
ses périls, outre sa longueur ; il me fallut passer au voisinage de la tranchée, où un soldat
occupé à admirer le prodigieux effet d'un
boulet de canon sur un arbre, fût bientôt lui-
même, à quelques pas de moi, la victime de
son indiscrétion. En fesant ma route, je vous
avouerai que je fus frappé de l'air dont se portaient les français et les canadiens aux travaux
pénibles et hasardeux auxquels on les occupait. A voir la joie avec laquelle ils transpor-
taient à la tranchée les fascines et les gabions,
vous les auriez pris pour des gens invulné-
rables au feu vif et continuel de l'ennemi. Une
pareille conduite annonce bien de la bravoure
et bien de l'amour pour la patrie ; aussi est-ce
là le caractère de la nation. Je parcourus tous
les quartiers, sans rien trouver que quelques
pelotons d'Abnakis dispersés çà et là ; de sorte
que je fus de retour de ma course, sans avoir
d'autre mérite que celui de la bonne volonté.
Ainsi éloigné de mes gens, je ne pus guères
leur être de grande utilité ; mais mes services
y furent du moins de quelque usage en faveur
d'un prisonnier Moraigan dont la nation est
dans les intérêts, et presque totalement sous
la domination de l'Angleterre. C'était un
homme dont la figure n'avait assurément rien
de revenant et de gracieux. Une tête énorme

par sa grosseur avec de petits yeux, une corpulence épaisse et massive jointe à une taille
raccourcie, des jambes grosses et courtes ; tous
ces traits et bien d'autres lui fournissaient,
sans contredit, de justes titres pour avoir place
parmi les hommes difformes ; mais pour être
disgracié de la nature, il n'en était pas moins
homme, c'est-à-dire, qu'il n'avait pas moins
droit aux attentions et aux égards de la charité chrétienne ; il n'était pourtant que trop
la victime autant de sa mauvaises mine, que
de sa malheureuse fortune. Il était lié à un
tronc d'arbre, où sa figure grotesque attirait
la curiosité des passans ; les huées ne lui
furent pas d'abord épargnées, mais les mauvais traitemens vinrent après, jusques là, que
d'un soufflet rudement appliqué, on lui arracha presque un œil de la tête. Ce procédé me révolta ; je vins aux secours de l'affligé, d'auprès de qui je chassai tous les spectateurs avec un ton d'autorité que je n'aurais
sans doute osé jamais prendre si j'avais été
moins sensible à son malheur. Je fis sentinelle à ses côtés une partie de la journée ; enfin
je fis si bien que je vins à bout d'intéresser les
sauvages (ses maîtres) en sa faveur, de sorte
qu'il ne fut plus besoin ds ma présence pour
le dérober à la persécution. Je ne sais s'il fut
trop sensible à mes services ; du moins un
coup d'œil sombre fut tout ce que j'en tirai ;
mais indépendamment de la religion, j'étais
trop payé par le seul plaisir d'avoir secouru
un malheureux. Il ne manquait pas de gens

dont le sort était aussi à plaindre. Chaque jour l'activité et la bravoure sauvage multipliait les prisonniers, c'est-à-dire, les misérables. Il n'était pas possible à l'ennemi de faire un pas hors de la place, sans s'exposer, ou à la captivité, ou à la mort, tant les sauvages étaient alertes. Jugez-en par ce seul récit. Une femme anglaise s'avisa d'aller ramasser des herbages dans les jardins potagers presque contigus aux fossés de la place. Sa hardiesse lui coûta cher : un sauvage, caché dans un quarré de choux, l'aperçut, et avec son fusil, la coucha sur le carreau. Il n'y eut jamais moyen que les ennemis vinssent enlever son cadavre, le vainqueur toujours caché fit sentinelle tout le jour, et lui enleva la chevelure.

Cependant toutes les nations sauvages s'ennuyaient fort du silence de nos gros fusils ; c'est ainsi qu'ils désignent nos canons : il leur tardait de ne plus faire seuls les frais de la guerre, de sorte que pour les contenter, il fallut hâter la tranchée, et y dresser notre première batterie. La première fois qu'elle joua, ce furent des cris de joie, dont toutes les montagnes retentirent avec fracas. Il ne fut pas nécessaire, durant tout le cours du siége, de se donner de grands mouvemens pour être instruits du succès de notre artillerie. Les cris des sauvages en portaient à tous les momens la nouvelle dans tous les quartiers. Je pensai sérieusement à quitter le mien ; l'inaction où j'y étais condamné, à raison de l'éloignement de mes Néophytes, m'y détermina ; mais nous eûmes, avant ce changement, une vive alarme à essuyer. Les fréquens voyages que les ennemis avaient faits pendant le jour vers leurs bateaux, avaient donné à soupçonner qu'ils préparaient quelques grands coups. Le bruit se répandit que leur dessein étaient de venir incendier nos munitions de bouche et de guerre. M. de Launay, Capitaine des Grenadiers dans un régiment de France, fut proposé pour veiller à la garde des bateaux qui en étaient les dépositaires. Les dispositions qu'il avait faites en homme du métier, firent presque regretter que les ennemis ne se fussent pas montrés. Ces alarmes dissipées, je rejoignis mes Abnakis, pour ne plus m'en séparer dans tout le cours de la campagne. Il ne se passa aucun évènement remarquable durant quelques jours, que la promptitude et la célérité avec laquelle les ouvrages de la tranchée s'avançaient. La seconde batterie fut établie dans deux jours. Ce fut une nouvelle fête que les sauvages célébrèrent à la militaire. Ils étaient sans cesse autour de nos canonniers, dont ils admiraient la dextérité. Mais leur admiration ne fut ni oisive, ni stérile. Ils voulurent essayer de tout pour se rendre plus utiles. Ils s'avisèrent de devenir canonniers ; un entr'autres se distingua : après avoir pointé lui-même son canon, il donna juste dans un angle rentrant, qu'on lui assigna pour but. Mais il se défendit de réitérer, malgré, les sollicitations des français, alléguant, pour raison de son refus, qu'ayant atteint dès son essai le degré de perfection auquel il pouvait aspirer, il ne devait plus hasarder sa gloire dans une seconde tentative. Mais ce qui fut le sujet de leur principal étonnement, ce fut ces divers boyaux qui formant les différentes branches d'une tranchée, sont autant de chemins souterrains si utiles pour protéger les assiégeans contre le canon des assiégés. Ils examinèrent, avec un avide curiosité, la manière dont nos grenadiers français s'y prenaient pour donner à ces sortes d'ouvrages le degré d'achèvement qu'ils exigent. Instruits par leurs yeux, ils exercèrent bientôt leurs bras à la pratique. On les vit armés de pèles et de pioches, tirer un boyau de tranchée vers le rocher fortifié, dont l'attaque leur était échue en partage. Ils le poussèrent si avant, qu'ils furent bientôt à la portée du fusil. M. de Villiers, frère de M. de Jumonville, officier, dont le nom seul est un éloge, profita de ces avances pour venir à la tête d'un corps de canadiens, attaquer les retranchements avancés. L'action fut vive, longtemps disputée et meurtrière pour les ennemis. Ils furent chassés de leurs premiers postes, et il est à présumer que les grands retranchemens auraient été emportés ce jour-là même, si leur prise eût dû décider de la reddition de la place. Chaque jour était signalé par quelque coup d'éclat de la part des français, des canadiens et des sauvages.

Cependant les ennemis se soutenaient toujours par l'espérance d'un prompt secours.

Une petite aventure, arrivée dans ces conjonctures, dut bien diminuer leur confiance.
Nos découvreurs rencontrèrent dans les bois
trois courriers partis du Fort Lydis ; ils tuèrent le premier, prirent le second, et le troisième se sauva par sa légèreté à la course. On
se saisit d'une lettre insérée dans une balle
creusée, si bien cachée sur le corps du défunt,
qu'elle aurait échappé aux recherches de tout
autre qu'à celles d'un militaire qui se connait
à ces sortes de ruses de guerre. La lettre était
signée du commandant du fort Lydis, et adressée à celui du fort George. Elle contenait en
substance la déposition d'un canadien, fait
prisonnier la première nuit de notre arrivée.
Suivant sa déclaration, notre armée se montait
à onze mille hommes, et le corps de nos sauvages à deux mille ; et notre artillerie était des
plus formidables. Il y avait du mécompte
dans cette supputation. Nos forces y étaient
amplifiées bien au delà du vrai. Cette erreur
ne doit point cependant s'attribuer à la fraude
et à la supercherie, qui, quoiqu'utiles à la
patrie, ne sauraient se justifier au tribunal de
l'honnête homme le plus passionné et le plus
national. Jusqu'à cette guerre, les plus nom-
breuses armées du Canada n'avaient guères
passé huit cens hommes ; la surprise et l'étonnement grossissaient les objets à des yeux peu
accoutumés à en apercevoir de considérables.
J'ai été témoin, dans le cours de la campagne,
de méprises bien plus grandes en ce genre.
Le commandant de Lydis concluait sa lettre

par avertir son collègue que les intérêts du roi son maître ne lui permettant pas de dégarnir sa place, c'était à lui à capituler, et à se ménager les conditions les plus avantageuses. M. de Montcalm ne crut pas pouvoir faire un meilleur usage de cette lettre, que de la faire remettre à son adresse par celui des courriers même qui était tombé vivant entre nos mains. Il en reçut de l'officier anglais des remercîments accompagnés de la modeste prière de vouloir bien lui continuer longtemps les mêmes politesses. Un pareil compliment, ou tenait du badinage, ou promettait une longue résistance. L'état actuel de la place ne le présageait pas. Une partie de ses batteries démontées et hors de service par le succès des nôtres, la frayeur répandue par les assiégés, qu'on ne rendait plus soldats qu'à force de leur verser du rhum, enfin les désertions fréquentes annonçaient la chûte prochaine. Telle était du moins l'opinion générale des déserteurs, dont la foule aurait été tout autrement considérable qu'elle n'était, si les armes sauvages n'avaient multiplié les périls de la désertion.

Parmi ceux qui vinrent se rendre à nous, il en fut un sujet d'une république voisine, et notre fidèle alliée, qui me procura la douce consolation de lui préparer les voies à sa prochaine réconciliation à l'Eglise. J'allai le visiter à l'hôpital, où ses blessures le détenaient. Dès l'entrée de la conversation, je compris qu'il n'était pas difficile de faire goûter à un bon esprit les dogmes de la véritable religion, dès que le cœur était dans une situation à ne plus être trop sensible aux trompeuses douceurs des passions humaines.

J'étais à peine de retour de cette course, qui m'avait coûté une marche de trois lieues, dont les peines me furent bien adoucies par les motifs qui l'animèrent, et par les succès qui la couronnèrent, que j'aperçus un mouvement général dans tous les quartiers de notre camp. Chaque corps s'ébranlait, français, canadiens et sauvages, tous se préparaient à combattre : le bruit de l'arrivée du secours tant attendu de l'ennemi, produisait cette subite et générale évolution. Dans ces momens d'alarme, M. de Montcalm, avec un sang-froid qui décide le Général, pourvut à la sureté de nos tranchées, au service de nos batteries ; et à la défense de nos bateaux. Il partit ensuite pour aller se remettre à la tête de l'armée.

J'étais assis tranquillement à la porte de ma tente, d'où je voyais défiler nos troupes, lorsqu'un Abnakis vint me tirer de ma tranquillité. Il me dit sans façon : *Mon père, tu nous a donné parole, qu'au péril de ta vie même, tu ne balancerais pas à nous fournir les secours de ton ministère ; nos blessés pourraient-ils venir te chercher ici à travers les montagnes qui te séparent du lieu du combat ? nous partons et nous attendons l'effet de tes promesses.* Une apostrophe si énergique me fit oublier mes fatigues. Je doublai le pas, je perçai au-delà des troupes réglées : enfin après

une marche forcée, j'arrivai sur une terre, où
mes gens, à la tête de tous les corps, atten-
draient le combat. Je députai sur-le-champ
quelques-uns d'entr'eux, pour rassembler ceux
qui étaient dispersés. Je me préparais à leur
suggérer les actes de religion propres de la
circonstance, et à leur donner une absolution
générale à l'approche le l'ennemi : mais ils
ne parurent point. M. de Montcalm, pour ne
pas perdre le prix de tant de démarches,
s'avisa d'un stratagème qui aurait pu faire
naître l'occasion d'une action que nous étions
venus chercher à si grands frais : il se proposa
d'ordonner aux français et aux canadiens de se
livrer mutuellement un combat simulé. Les
sauvages cachés dans les bois devaient faire
face aux ennemis, qui ne manqueraient pas de
faire une vigoureuse sortie. L'expédient ex-
posé à nos Iroquois, fut d'une invention ad-
mirable ; mais ils se retranchèrent sur ce que
le jour était trop avancé. Le reste des sauvages eut beau appeler de ce jugement, l'excuse fut jugée de mise et acceptée ; ainsi chacun s'en retourna dans son poste sans avoir vu
autre chose que l'appareil d'un combat. Enfin
le lendemain, veille de la Saint-Laurent, le
septième jour de notre arrivée, la tranchée
poussée jusqu'aux jardins, on se disposait à
établir notre troisième et dernière batterie.
La proximité du Fort fesait espérer que, dans
trois ou quatre jours, ou pourrait donner un
assaut général, à la faveur d'une brèche raisonnable, mais les ennemis nous en épargnè-

rent la peine et les dangers ; ils arborèrent
pavillon français, st demandèrent à capituler.

Nous touchons à la reddition de la place,
et à la sanglante catastrophe qui l'a suivie.
Sans doute que tous les coins de l'Europe ont
retenti de cette triste scène, comme d'un at-
tentat dont l'odieux rejaillit peut-être sur la
nation, et la flétrit. Votre équité va juger
dans le moment, si une imputation si criante
porte sur d'autres principes que sur l'ignorance ou la malignité. Je ne rapporterai que
des faits d'une publicité et d'une authenticité
si incontestables, que je pourrais, sans crainte
d'être démenti, les appuyer du témoignage
même de MM. les officiers anglais qui ont été
les témoins et les victimes. M. le Marquis de
Montcalm, avant que d'entendre à aucune
composition, jugea devoir prendre l'avis de
toutes les nations sauvages, afin de les adoucir par cette condescendance, et de rendre in-
inviolable le traité par leur agrément. Il en
fit assembler tous les chefs, à qui il commu-
niqua les conditions de la capitulation, qui ac-
cordaient aux ennemis le droit de sortir de la
place avec tous les honneurs de la guerre, et
leur imposait, avec l'obligation de ne point
servir de dix-huit mois contre Sa Majesté
Très-Chrétienne, celle de rendre la liberté à
tous les canadiens pris dans cette guerre.
Tous ces articles furent universellement ap-
plaudis : muni du sceau de l'approbation générale, le traité fut signé par les généraux
des deux couronnes. En conséquence l'armée

française en bataille s'avança vers la place,
pour en prendre possession au nom de Sa
Majesté Très-Chrétienne ; tandis que les troupes anglaises rangées en bel ordre, en sortaient
pour aller se renfermer jusqu'au lendemain
dans les retranchements. Leur marche ne fut
marquée par aucune contravention au droit
des gens. Mais les sauvages ne tardèrent pas
à y donner atteinte. Pendant le cérémonial
militaire, qui accompagna la prise de possession, ils avaient pénétré en foule dans la place
par les embrasures de canons pour procéder
au pillage qu'on était convenu de leur livrer,
mais ils ne s'en tinrent pas à piller: il était res-
té dans les casemates quelques malades, à qui
leur état n'avait pas permis de suivre leurs
compatriotes dans l'honorable retraite accordée à leur valeur. Ce furent là les victimes
sur lesquelles ils se jetèrent impitoyablement,
et qu'ils immolèrent à leur cruauté. Je fus
témoin de ce spectacle. Je vis un de ces barbares sortir des casemates, où il fallait rien
moins qu'une insatiable avidité de sang pour
entrer, tant l'infection qui en exhalait était in-
supportable. Il portait à la main une tête humaine, d'où découlaient des ruisseaux de sang,
et dont il fesait parade comme de la plus belle
capture dont il eût pu se saisir.

Ce n'était là qu'un bien léger prélude de
la cruelle tragédie du lendemain. Dès le grand
matin les sauvages se rassemblèrent autour
des retranchemens. Ils débutèrent par demander aux anglais les marchandises, provi-

sions, toutes les richesses en un mot que leurs yeux intéressés pouvaient apercevoir : mais c'était des demandes faites sur un ton à annoncer un coup de lance pour prix d'un refus. On se désaisit, on se dépouilla, on se réduisit à rien pour acheter au moins la vie par ce dépouillement universel. Cette condescendance devait adoucir les esprits ; mais le cœur des sauvages ne semble pas fait comme celui des autres hommes : vous diriez qu'il est, par sa nature, le siége de l'inhumanité. Ils n'en furent pas moins disposés à se porter aux plus dures extrémités. Le corps de quatre cens hommes de troupes françaises, destiné à protéger la retraite des ennemis, arriva et se ranger en haie. Les anglais commencèrent à défiler. Malheur à tous ceux qui fermèrent la marche, ou aux traîneurs que l'indisposition ou quelqu'autre raison séparait tant soit peu de la troupe. Ce furent autant de morts dont les cadavres jonchèrent bientôt la terre, et couvrirent l'enceinte des retranchemens. Cette boucherie qui ne fut d'abord que l'ouvrage de quelques sauvages, fut le signal qui fit de presque tous autant de bêtes féroces. Ils déchargeaient à droite et à gauche de grands coups de haches à ceux qui leur tombaient sous la main. Le massacre ne fut cependant pas de durée, ni aussi considérable que tant de furie semblait le faire craindre ; il ne monta guère qu'à quarante à cinquante hommes. La patience des anglais qui se contentaient de plier leur tête sous le fer de leurs bourreaux, l'appaisa tout-à-coup, mais elle ne les amena pas à la raison et à l'équité. En poussant toujours de grands cris, ils se mirent à faire des prisonniers.

J'arrivai sur ces entrefaites. Non, je ne crois pas qu'on puisse être homme et être insensible dans de si tristes conjonctures. Le fils enlevé d'entre les bras du père, la fille arrachée du sein de sa mère, l'époux séparé de l'épouse, des officiers dépouillés jusqu'à la chemise, sans respect pour leur rang et pour la décence, une foule de malheureux qui courent à l'aventure, les uns vers les bois, les autres vers les tentes françaises, ceux-ci vers le fort, ceux-là vers tous les lieux qui semblaient leur promettre un asile : voilà les pitoyables objets qui se présentaient à mes yeux ; cependant les français n'étaient pas spectateurs oisifs et insensibles de la catastrophe. M. le Chevalier de Lévi courait par-tout où le tumulte paraissait le plus échauffé pour tâcher d'y remédier, avec un courage animé par la clémence si naturelle à son illustre sang. Il affronta mille fois la mort à laquelle, malgré sa naissance et ses vertus, il n'aurait pas échappé, si une providence particulière n'eut veillé à la sûreté de ses jours, et n'eut arrêté les bras sauvages déjà levés pour le frapper. Les officiers français et les canadiens imitèrent son exemple avec un zèle digne de l'humanité qui a toujours caractérisé la nation ; mais le gros de nos troupes, occupé à la garde de nos batteries et du fort, était, par cet éloi-

gnement, hors d'état de leur prêter main-
forte. De quelle ressource pouvaient être
quatre cens hommes contre environ quinze
cens sauvages furieux, qui ne nous distin-
guaient pas de l'ennemi ? Un de nos sergens
qui s'était opposé fortement à leur violence,
fut renversé par terre d'un coup de lance. Un
de nos officiers français, pour prix du même
zèle, avait reçu une large blessure qui le con-
duisit aux portes du tombeau ; d'ailleurs, dans
ces momens d'alarmes, on ne savait de quel
côté tourner. Les mesures qui semblaient le
plus dictées par la prucence aboutissaient à
des fins désastreuses et sinistres.

M. de Montcalm, qui ne fut instruit que
tard à raison de l'éloignement de sa tente, se
porta au premier avis vers le lieu de la scène
avec une célérité qui marquait la bonté et la
générosité de son cœur. Il se multipliait, il se
reproduisait, il était partout ; prières, menaces,
promesses, il usa, il essaya de tout ; il en vint
enfin à la force. Il crut devoir à la naissance
et au mérite de M. le Colonel Yonn, (Young ?)
d'arracher d'autorité et avec violence son
neveu d'entre les mains d'un sauvage ; mais,
hélas ! sa délivrance coûta la vie à quelques
prisonniers que leurs tyrans massacrèrent sur-
le-champ par la crainte d'un semblable coup
de vigueur. Le tumulte cependant croissait
toujours, lorsque quelqu'un s'avisa heureusement de crier aux anglais qui formaient un
corps considérable, de doubler le pas. Cette
marche forcée eut son effet ; les sau-

vages, en partie par l'inutilité de leurs poursuites, en partie satisfaits de leurs prises, se retirèrent ; le peu qui resta fut aisément dissipé. Les anglais continuèrent tranquillement leur route jusqu'au fort Lydis, où ils n'arrivèrent d'abord qu'au nombre de trois ou quatre cens. J'ignore le nombre de ceux qui ayant gagné les bois, furent assez heureux pour s'y rendre à la faveur du canon qu'on eut soin de tirer pendant plusieurs jours pour les guider. Le reste de la garnison n'avait cependant pas péri par le fer, et ne gémissait pas non plus sous le poids des chaines. Plusieurs avaient trouvé leur salut dans les tentes françaises ou dans le fort. Ce fut là où je me rendis, après que le désordre fut une fois appaisé. Une foule de femmes éplorées vinrent en gémissant m'environner. Elles se jetaient à mes genoux ; elles baisaient le bas de ma robe, en poussant de temps-en-temps des cris lamentables qui me perçaient le cœur. Il n'était pas en moi de tarir la cause de leurs pleurs ; elles redemandaient leurs fils, leurs filles, leurs époux dont elles déploraient l'enlèvement. Pouvais-je les leur restituer ? L'occasion du moins ne tarda pas à se présenter de diminuer le nombre de ces misérables ; je l'embrassai avidement. Un officier français m'avertit qu'un Huron actuellement dans son camp était en possession d'un enfant de six mois, dont la mort était assurée, si je n'accourais sur-le-champ à sa délivrance. Je ne balançai point. Je courus en hâte à la tente du sauvage, entre les bras de qui j'aperçus l'innocente victime qui baisait tendrement les mains de son ravisseur, et qui jouait avec quelques colliers de porcelaine qui le paraient. Ce coup-d'œil donna une nouvelle ardeur à mon zèle. Je commençai par flatter le Huron par tous les éloges que la vérité pouvait me permettre de donner à la valeur de sa nation. Il me comprit du premier coup : *Tiens*, me dit-il fort civilement, *vois-tu cet enfant ? je ne l'ai point volé ; je l'ai trouvé délaissé dans une haie ; tu le veux, mais tu ne l'auras pas.* J'eus beau lui remontrer l'inutilité de son prisonnier, sa mort assurée par le défaut de nourriture convenable à la délicatesse de son âge ; il me produisit du suif pour le régaler ; ajoutant qu'après tout il trouverait en cas de mort, un coin de terre pour l'ensevelir, et qu'il me serait libre alors de lui donner ma bénédiction. Je répliquai à son discours par l'offre que je lui fis de lui remettre une assez grosse somme d'argent, s'il voulait se désaisir de son petit captif ; il persista dans la négative ; il se relâcha dans la suite jusqu'à exiger en échange un autre anglais. S'il n'eût rien diminué de ses prétentions, c'était fait de la vie de l'enfant. Je croyais déjà son arrêt de mort porté, lorsque je m'aperçus qu'il tenait conseil en Huron avec ses compagnons : car jusqu'alors la conversation s'était tenue en français qu'il entendait. Ce pourparler fit luire à mes yeux un rayon d'espérance ; elle ne fut pas trompée. Le résultat fut que l'enfant était à moi si je lui délivrais une chevelure ennemie. La proposition ne m'embarrassa point : *Il paraîtra dans peu*, lui répliquai-je en me levant, *si tu es un homme d'honneur*. Je partis en diligence pour le camp d'Abnakis. Je demandai au premier venu, s'il était maître de quelque chevelure, et s'il voulait me faire le plaisir de m'en gratifier. J'eus tout lieu de me louer de sa complaisance ; il délia son sac et me donna le choix. Pourvu d'une de ces barbares dépouilles, je la portais en triomphe, suivi d'une foule de français et de canadiens curieux de savoir l'issue de l'aventure. La joie me prêta des ailes ; je fus dans un moment à mon Huron. Voilà, lui dis-je en abordant, voilà ton paiement : *Tu as raison*, me répondit-il ; *c'est bien une chevelure anglaise, car elle est rouge.* C'est en effet la couleur qui distingue assez ordinairement les colons anglais de ces contrées. *Eh bien ! voilà l'enfant, emporte-le ; il t'appartient ?* Je ne lui donnai pas le temps de revenir sur le marché. Je pris sur-le-champ entre mes mains le petit malheureux. Comme il était presque nu, je l'enveloppai dans ma robe. Il n'était pas accoutumé à être porté par des mains aussi peu habiles que les miennes. Le pauvre enfant poussait des cris qui m'instruisaient autant de ma maladresse que de ses souffrances ; mais je me consolai dans l'espérance de le calmer bientôt, en le montrant à des mains plus chéries. J'arrive au fort ; aux cris du petit, toutes les femmes accoururent. Chacune se flattait de retrouver l'ob-

jot de la tendresse maternelle. Elle l'examinèrent avidement ; mais ni les yeux, ni le
cœur d'aucune n'y distingua son fils. Elles se
retirèrent à l'écart pour donner de nouveau
un libre cours à leurs lamentations et à leurs
plaintes. Je ne me trouvai pas dans un petit
embarras par cette retraite, éloigné de quarante à cinquante lieues de toute habitation
française ; comment nourrir un enfant d'un
âge si tendre ? J'étais ensevelis dans mes réflexions, lorsque je vis passer un officier anglais qui parlait fort bien la langue française.
Je lui dis d'un ton ferme : Monsieur, je viens
de racheter ce jeune enfant de la servitude,
mais il n'échappera pas à la mort, si vous
n'ordonnez à qnelqu'une de ces femmes de
lui tenir lieu de mère et de l'allaiter, en attendant que je puisse pourvoir à le faire élever
ailleurs. Les officiers français qui étaient présens appuyèrent ma demande. Sur cela, il
parla à ces femmes anglaises. Une s'offrit à
lui rendre ce service, si je voulais répondre de
sa vie et de celles de son mari, me charger de
leurs subsistances et les faire conduire à Boston par Montréal. J'acceptai sur-le-champ la
proposition ; je priai M. du Bourg-la-Marque
de détacher trois Grenadiers pour escorter
mes anglais jusqu'au camp des canadiens, où
je me flattai de trouver des ressources pour
remplir mes nouveaux engagemens ; ce digne
officier répondit avec bonté à ma requête.

Je me disposai à quitter le fort, lorsque le
père de l'enfant se retrouva blessé d'un éclat

de bombe et dans l'impossibilité de se secou-
rir lui même ; il ne put qu'acquiescer avec
plaisir aux dispositions que j'avais faites pour
la sûreté de son fils. Je partis donc accom-
pagné de mes anglais, sous la sauve-garde de
trois grenadiers. Après deux heures d'une
marche pénible, mais heureuse, nous arri-
vâmes au qartier où étaient logés les canadiens ; je n'entreprendrai pas de vous rendre
fidèlement la nouvelle circonstance qui cou-
ronna mon entreprise : il est des évènemens
qu'inutilement se flatterait-on de présenter au
naturel. Nous étions à peine aux premières
avenues du camp, lorsqu'un cri vif et animé
vint subitement frapper mes oreilles ; était-ce
de la douleur ? était-ce de la joie ? C'était
tout cela et plus encore ; car c'était la mère,
qui de fort loin avait distingué son fils, tant
les yeux de la tendresse maternelle sont éclairés. Elle accourut avec une précipitation qui
dénotait ce qu'elle était à cet enfant. Elle
l'arracha des mains de l'anglaise avec un empressement qui semblait désigner la crainte
qu'elle avait qu'on ne le lui enlevât une seconde fois. Il est aisé de s'imaginer à quels
transports de joie elle s'abandonna, sur-tout
lorsqu'elle fut assurée et de la vie et de la liberté.
de son mari, à qui elle croyait avoir fait les
derniers adieux ; il ne manquait à leur bonheur que leur réunion. Je crus la devoir à la
perfection de mon ouvrage.

Je repris la route du fort. Mes forces suffirent à peine pour m'y rendre : il était plus

d'une heure après midi, sans que j'eusse pris aucune nourriture. Aussi je tombai presqu'en défaillance en y arrivant. La politesse et la charité de MM. les officiers français m'eurent bientôt mis en état de continuer la bonne œuvre. Je fis chercher l'anglais en question, mais les recherches furent pendant plusieurs heures sans succès. Les douleurs de sa blessure l'avaient obligé de se retirer dans le lieu le plus solitaire du fort, pour y prendre du repos ; on le trouva enfin. Je me disposais à l'emmener, lorsque son épouse et son fils reparurent. Les ordres avaient été donnés de ramasser tous les anglais dispersés dans les différens quartiers, au nombre de près de cinq cens, et de les conduire au fort, afin qu'on pût pouvoir plus sûrement à leur subsistance, en attendant qu'on pût les faire conduire à Orange ; ce qui fut heureusement exécuté quelques jours après. Les démonstrations de joie furent renouvelées avec encore plus d'épanchement qu'auparavant. Les remercimens ne me furent pas épargnés, non-seulement de la part des intéressés, mais encore de MM. les officiers anglais, qui eurent la bonté de me les réitérer plus d'une fois. Quant à leurs offres de service, elles ne m'ont flatté que par les sentimens d'où elles partaient. Un homme de mon état n'a aucune réconpense à attendre que de Dieu seul.

Je ne dois pas passer ici sous silence le prix qu'a eue de sa charité l'autre femme anglaise qui s'était obligée à servir de mère à l'enfant

en l'absence de la vraie mère ; la providence
lui ménagea par l'entremise de M. Piequet le
recouvrement du fils qui lui avait été injustement ravi. Je restai encore quelques jours aux
environs du fort, où mon ministère ne fut pas
infructueux, soit envers quelques prisonniers,
dont je fus assez heureux pour briser les fers,
soit envers quelques officiers français dont
l'ivresse sauvage menaça les jours, et que je
vins à bout de mettre à couvert.

Telles ont été les circonstances de la malheureuse expédition qui a déshonoré la valeur
que les sauvages avaient fait éclater durant
tout le cours du siége, et qui nous a rendus
onéreux jusqu'à leurs services. Ils prétendent
la justifier. Les Abénakis, en particulier, par le
droit de représailles, alléguant que plus d'une
fois, dans le sein même de la paix, ou dans des
pourparlers, tels que celui de l'hiver passé,
leurs guerriers avaient trouvé leurs tombeaux
sous les coups de la trahison dans les forêts anglaises de l'Acadie. Je n'ai ni les lumières, ni
les connaissances pour juger une nation, qui
pour être notre ennemie, n'en est pas moins
respectable par bien des titres. Je ne sache
pas au reste, que dans le tissu de cette rela-
tion, il me soit échappé une seule particularité dont on puisse avec justice infirmer la
certitude, encore moins pourrais-je me persuader que la malignité puisse découvrir un
seul trait qui l'autorise à rejeter sur la nation
française l'indignité de cet évènement.

On avait fait agréer aux sauvages le traité

de la capitulation ; pouvait-on prévenir plus sûrement l'infraction ?

On avait assigné aux ennemis, pour assurer leur retraite, une escorte de quatre cens hommes, dont quelques-uns même ont été la victime d'un zèle trop vif à réprimer le désordre ; pouvait-on plus efficacement empêcher l'inobservation du traité ?

Enfin, on est allé jusqu'à racheter à grands frais les anglais, et à les tirer à prix d'argent des mains des sauvages ; de sorte que près de quatre cens sont à Québec, prèts à s'embarquer pour Boston. Pouvait-on plus sincèrement réparer la violation du traité ? Ces réflexions me paraissent sans réplique.

Les sauvages sont donc seuls responsables du violement du droit des gens : et ce n'est qu'à leur insatiable férocité et à leur indépendance, qu'on peut en attribuer la cause. La nouvelle de cette fatale exécution, répandue dans les colonies anglaises, y a semé la désolation et l'effroi au point qu'un seul sauvage a bien osé pousser la témérité jusqu'à aller enlever des prisonniers presque aux portes d'Orange, sans qu'on l'ait inquiété, ni dans son expédition, ni dans sa retraite. Aussi les ennemis n'ont-ils formé aucune entreprise contre nous dans les jours qui ont suivi la prise du fort. Rien cependant de plus critique pour nous que la situation où se trouvait alors l'armée française. Les sauvages, aux Abénakis et et aux Nipistingues près, avaient disparu dès le jour même de leur malheureuse expédition ;

douze cens hommes étaient occupés à la dé-
molition du fort ; près de mille étaient em-
ployés à faire le transport des provisions im-
menses de bouche et de guerre dont nous nous
étions emparés. A peine restait-il une poignée
de gens pour faire tête à l'ennemi, s'il avait
pris le parti de l'offensive. Sa tranquilité nous
fournit les moyens de consommer notre ouvrage. Le fort George a été détruit et renversé de fond en comble, et les débris consumés
par le feu. Ce ne fut que dans l'incendie, que
nous comprimes la grandeur de la perte des
ennemis. Il se trouva des casemates et des
souterrains cachés remplis de cadavres, qui,
pendant quelques jours, fournirent un nouvel
aliment à l'activité des flammes. Pour notre
perte, elle consiste dans vingt-un morts, dont
trois sauvages, et dans environ vingt-cinq blessés. C'est tout.

Enfin, le jour de l'Assomption je remontai
en bateau pour Montréal, par un temps des
plus pluvieux et des plus froids. Ce voyage n'a
été marqué que par la continuité des orages
et des tempêtes, qui faillirent à submerger une
de nos berges, et à faire périr ses conducteurs.
Mais les peines en ont été bien tempérées, non-
seulement par la compagnie des autres missionnaires, mais encore par celle de M. Fiesch,
envoyé à Montréal en qualité d'ôtage. Cet
officier, Suisse de naissance, et autrefois au
service de France, est un des plus honnêtes
hommes qu'on puisse trouver. Il a servi dans
son séjour au milieu de la Colonie, la nation

à laquelle il est lié avec une fidélité digne de tous les éloges.

Arrivé à Montréal, je comptais y prendre un repos nécessaire ; mais les sauvages y multiplièrent si fort mes occupations, et toutes furent si peu consolantes que je hâtai mon départ pour ma mission. J'avais une raison de plus de me presser ; il s'agissait d'acquitter la parole que j'avais donnée à MM. les officiers anglais, de ne point m'épargner dans ce village pour engager les sauvages à la restitution du reste des prisonniers. Il était temps d'y venir mettre la main à l'œuvre. Un de nos canadiens, échappé des prisons de la nouvelle Angleterre, ne tarissait point sur les mauvais traitemens qu'il y avait essuyés ; il rapportait même qu'un Abnakis, pris à l'action de M. de Dieskau, avait péri de faim cet hiver dans les prisons d'Orange. Cette nouvelle ébruitée aurait pu faire périr bien des innocens. Je suis venu à bout de l'ensevelir dans un silence profond, qui a favorisé le départ de tous les anglais injustement détenus dans les fers.

Voilà l'histoire fidèle de tous les évènements qui ont signalé la campagne qui vient de se terminer ; vous y avez vu avec satisfaction, que la valeur française s'y est soutenue avec éclat, et a operé des prodiges : mais vous avez dû aussi vous apercevoir que les passions font partout les mêmes ravages, et que nos sauvages, pour être Chrétiens, n'en sont pas plus irrépréhensibles dans leur conduite. Leur vie errante et vagabonde n'est pas une des moindres

causes de leurs malheurs. Abandonnés à eux-mêmes, et aux prises avec leurs passions, sans être soutenus même par le secours d'aucun exercise extérieur de religion, ils échappent, durant la plus grande partie de l'année, aux empressemens du zèle le plus actif, qui, condamné durant ce long terme à la plus triste inaction, est réduit à ne pouvoir former en leur faveur que des vœux presque toujours inutiles et superflus. Peut-être le Dieu des miséricordes éclairera-t-il un jour ces malheureux, sur les dangers de leur étrange façon de vivre, et fixera-t-il leur instabilité et leurs courses ; mais si c'est là un évènement qu'il est bien permis à un missionnaire de souhaiter, il n'est pas en sa puissance de le ménager.
J'ai l'honneur d'être, etc.

La lettre que l'on vient de lire, et qui est traduite en anglais dans le *Maple Leaves*, loin d'accuser chez le général français cruauté ou même indifférence pendant les péripéties de cette effroyable journée, décèle une magnanimité, un dévouement que l'on est aise, mais non surpris, de rencontrer chez des hommes comme Montcalm et Levi. La raison d'être des massacres commis par les aborigènes, alliés des Français, à Oswego, au Fort George, à la bataille de Beauport en août

1759, à celle de Ste.-Foye en avril 1760 et en mille autres circonstances, on la trouve dans les mœurs même des sauvages. Le prisonnier de guerre devenait la propriété exclusive du maître : il pouvait l'égorger, l'écarteler, le scalper, le rôtir et le manger : c'était son droit ; sa prérogative ; un des glorieux apanages de la guerre, comme l'entendait le fier enfant des bois.

Un seul moyen existait aux Français et aux Anglais de prévenir les boucheries, qui d'ordinaire suivaient une défaite : c'eut été de faire la campagne sans s'associer de si féroces alliés : il n'y avait à cela qu'un inconvénient, c'est que si l'on refusait de prendre pour alliés et pour compagnons d'armes les peaux rouges, on pouvait compter avec assez de certitude de les avoir pour adversaires.

Le public canadien a à choisir entre le témoignage du capitaine Carver et celui du missionnaire abénaqui, tous deux témoins oculaires du même fait. Le choix ne peut être douteux. Il n'en est pas moins vrai que la violation des articles de la capitulation commise par les trente-six tribus sauvages, les alliés de Montcalm par la haine inextinguible qu'elle causa chez le peuple anglais et ses colons en Amérique, hâta la chute de la colonie.—Quoiqu'il en soit, un siècle et plus s'est écoulé, et l'on en est encore à se demander, en présence des débats de la presse anglaise et de l'autorité que Goldwin Smith et ses adhérents ont pris chez les esprits dans la métropole, si les paroles du ministre Choiseul, lorsqu'il engageait son maître à signer le traité de cession du pays, étaient ou non fondées et si réellement le Canada est devenu un *embarras* pour l'Angleterre.

J. M. L.

www.ingramcontent.com/pod-product-compliance
Ingram Content Group UK Ltd.
Pitfield, Milton Keynes, MK11 3LW, UK
UKHW022322070726
13614UKWH00002B/890